Salahddine Krit

Rumo à Excelência:

Salahddine Krit

Rumo à Excelência:

Plano de Desenvolvimento 2024-2028 da Universidade Ibnou Zohr

ScienciaScripts

Cover image: www.ingimage.com

This book is a translation from the original published under ISBN 978-620-7-47962-7.

Publisher:
Sciencia Scripts
is a trademark of
Dodo Books Indian Ocean Ltd. and OmniScriptum S.R.L publishing group

120 High Road, East Finchley, London, N2 9ED, United Kingdom
Str. Armeneasca 28/1, office 1, Chisinau MD-2012, Republic of Moldova, Europe
Printed at: see last page
ISBN: 978-620-8-25049-2

Conteúdo

PREÂMBULO

O desenvolvimento da universidade marroquina é uma prioridade da política nacional, a fim de desempenhar o seu papel de lugar de conhecimento e de cultura e de responder às necessidades do mercado económico e industrial como fonte de competências, de elite e de cidadãos do futuro.
O grande desafio que se coloca às universidades marroquinas é o de dotar os diferentes sectores socioeconómicos do país das competências necessárias à implementação da "política dos grandes projectos" do governo, que se concretiza em planos, programas, projectos e estratégias de desenvolvimento setorial: Pacto Nacional para a Emergência Industrial e as novas empresas globais de Marrocos (offshoring, automóvel, aeronáutica e espaço, eletrónica, têxtil e couro, agroalimentar); Plano AZUR, Plano Marrocos Verde... Estas necessidades de competências exigem uma maior orientação dos estudantes para os ramos científicos, técnicos e profissionais.

Em conformidade com esta política voluntarista, as universidades marroquinas devem ser integradas no processo de desenvolvimento socioeconómico para responder ao desafio das necessidades de recursos humanos do mercado e fornecer as competências necessárias em termos de qualidade-formação e inovação-investigação.
Para tal, Sua Majestade o Rei Mohamed VI manifestou claramente a sua vontade de fazer do nosso país uma plataforma de investimento atractiva e competitiva.

É neste contexto favorável, quer seja a nível nacional, internacional ou regional, que proponho um plano de desenvolvimento para a Universidade Ibnou Zohr de Agadir em conformidade com :

- A visão real do sistema educativo;
- Iniciativa Nacional para o Desenvolvimento Humano INDH ;
- As orientações da Carta Nacional da Educação e da Formação ;
- Lei-quadro do ensino superior (Lei 01-00)
- a Visão Estratégica para a Reforma 2015-2030 lançada pelo Conselho Superior de Educação, Formação e Investigação Científica;
- Plano de Ação do Departamento 2017-2022;
- Lei-quadro 51-17 relativa à reforma do sistema de ensino, formação e investigação científica;
- Projeto de desenvolvimento da Universidade Ibn Zohr ;

- Plano Nacional para Acelerar a Transformação do Ecossistema ESRI (PACTE ESRI 2030)

Em conformidade com a lei sobre a organização do ensino superior (lei n.º 01-00), o cargo de reitor e de diretor nas universidades marroquinas evoluiu consideravelmente. Se as responsabilidades se mantiveram inalteradas, no que respeita ao bom funcionamento da instituição e à sua integração no seio da universidade e da sociedade, o modo como são exercidas e as condições em que são realizadas mudaram consideravelmente. O cargo de Diretor continua a implicar capacidade de visão, convicção e grande sentido de liderança, mas exige agora que essa visão e liderança sejam exercidas num contexto de abertura a parcerias internas e externas, por exemplo, a presença do Diretor fora da instituição para dar visibilidade à mesma, para procurar financiamento, para obter colaborações e negociar acordos, etc. Exige trabalho de equipa, sentido de responsabilidade e sentido de solidariedade. Requer trabalho de equipa, sensibilidade para com a comunidade e as suas aspirações, capacidade de ler os problemas e de os partilhar com as bases, utilizando ferramentas de gestão simples que promovam operações rápidas, transparentes e eficientes. Significa também fazer escolhas colectivas num contexto de concorrência e de recursos limitados. Trata-se de um desafio humano difícil mas extraordinário.

Este projeto de desenvolvimento da Universidade Ibnou Zohr de Agadir define a visão, a estratégia e a abordagem para fazer desta universidade um local de ensino de qualidade, um centro de investigação e de inovação e um instrumento de desenvolvimento socioeconómico, tanto a nível regional como nacional.

Este projeto é apresentado em resposta ao convite à apresentação de candidaturas para o cargo de Presidente da Universidade Ibnou Zohr de Agadir. É a continuação de uma experiência muito longa na Universidade Ibnou Zohr, primeiro como professor-investigador desde 2010 e coordenador da Filière 2011-2015 e diretor de um laboratório de investigação 2018-2022, depois como Chefe do Departamento de Matemática, Informática e Gestão da Faculdade Polidisciplinar de Ouarzazate desde 2015-2020, e depois como Presidente e organizador de várias Conferências Internacionais desde 2016, e finalmente como Chefe do Departamento de Informática desta instituição desde 2022.

As minhas várias actividades de ensino, de investigação e profissionais, bem como todas as responsabilidades administrativas que exerci ao longo da minha carreira académica e industrial, permitiram-me desenvolver um conhecimento profundo do funcionamento do sistema universitário nacional, apreender os conceitos e os princípios da reforma do ensino superior e abordar os múltiplos aspectos da sua aplicação.
A minha candidatura ao cargo de Presidente da UIZ Agadir é também motivada pela minha determinação em continuar a contribuir para o desenvolvimento cultural, científico e técnico da Universidade Ibnou Zohr nas cinco regiões.
É por todas estas razões que apresento este projeto para o desenvolvimento do UIZ Agadir, esperando ter a oportunidade de realizar esta tarefa de forma eficaz e adequada.

O projeto de desenvolvimento para o período 2024-2028 é enquadrado pelas Orientações Reais citadas nos seguintes extractos dos discursos de Sua Majestade o Rei Mohammed VI:

Sa Majesté le Roi Mohammed VI
Que Dieu l' Assiste

Extractos dos discursos de Sua Majestade o Rei Mohammed VI sobre a Educação Nacional, o Ensino Superior, a Investigação Científica e a Inovação

"...A reforma judiciosa do sistema de educação e de formação é o caminho essencial a seguir para enfrentar os desafios do desenvolvimento, porque temos de reconhecer que não se trata apenas de uma reforma setorial, mas de uma luta salutar face a um enorme desafio. Para isso, só nos resta promover a investigação e a inovação e valorizar os nossos recursos humanos, que são o nosso principal ativo...".

(Extrato do discurso de Sua Majestade o Rei no Dia do Trono, 30 de julho de 2009).

"Esperamos também que esta governação contribua para reforçar as bases da solidariedade nacional e consolidar a justiça social, que assenta na recuperação contínua do sistema educativo.

Para tal, será necessária uma maior sensibilização para a importância dos progressos realizados neste domínio e uma melhor compreensão do longo caminho que ainda temos pela frente.

É, pois, necessário desenvolver esforços constantes e sustentados e estar firmemente convicto do papel crucial do sistema escolar nacional como fórum privilegiado de expressão do princípio da igualdade de oportunidades e de iniciação às virtudes da cidadania, e como fonte inesgotável de desenvolvimento humano...".

(Extrato do discurso de Sua Majestade o Rei na abertura da 1ª Sessão do 3º ano legislativo, 09 de outubro de 2009).

"No meu discurso de abertura ao Parlamento, sublinhei a necessidade de colocar as questões da juventude no centro do novo modelo de desenvolvimento. Apelava também ao desenvolvimento de uma estratégia integrada dedicada aos jovens, que definisse os meios para promover efetivamente o seu estatuto.

Com efeito, um jovem não pode ser chamado a desempenhar o seu papel e a cumprir o seu dever sem ter beneficiado previamente das oportunidades e das qualificações necessárias...".

"De facto, não podemos continuar a aceitar que o nosso sistema educativo funcione como uma máquina de produzir legiões de desempregados, especialmente em certos cursos universitários cujos diplomados, como todos sabem, têm enormes dificuldades em entrar no mercado de trabalho...".

"...Além disso, quando um grande número de jovens, nomeadamente os que possuem diplomas avançados em domínios científicos e técnicos, pensa em emigrar, não é apenas motivado pelos incentivos tentadores da vida no estrangeiro. Pensam também em emigrar por não terem no seu país um clima e condições propícias a uma vida ativa, à progressão profissional, à inovação e à investigação científica...".

" ... Por conseguinte, instamos o governo e as partes interessadas a tomarem, o mais rapidamente possível, uma série de medidas destinadas, nomeadamente, a atingir os seguintes objectivos

"... - Primeiro: proceder a uma revisão global dos mecanismos e programas públicos de apoio ao emprego dos jovens, a fim de os tornar mais eficazes e adaptados às expectativas dos jovens. Esta revisão deve basear-se no modelo que defendi no discurso do trono para os programas de proteção social...".

"... - Em segundo lugar: dar prioridade às especialidades que conduzam ao emprego e instaurar um sistema eficaz de orientação precoce no segundo ou terceiro ano antes do bacharelato. O seu papel consiste em ajudar os estudantes, de acordo com as suas aptidões e inclinações, a fazer uma ou outra das duas opções: enveredar por um curso universitário ou por uma formação profissional...".

"... - Em terceiro lugar: uma revisão aprofundada das especialidades de formação profissional, a fim de garantir a sua adequação às necessidades das empresas e do sector público, bem como às mudanças em curso nos sectores industrial e profissional. Deste modo, os diplomados terão mais hipóteses de se integrarem profissionalmente..."

"... - Quarto: Criar mecanismos concretos para melhorar a qualidade dos incentivos à criação de pequenas e médias empresas pelos jovens nos seus

domínios de especialização e apoiar iniciativas de autoemprego e a criação de empresas sociais...".

"... - Quinto: introduzir novos mecanismos de integração de uma parte do sector informal no sector formal, proporcionando ao potencial humano do sector informal formação adequada, incentivos e cobertura social, e apoiando os seus projectos de autoemprego ou de criação de empresas...".

"... - Sexto: criar em cada estabelecimento de ensino um programa obrigatório, repartido por um período de três a seis meses, destinado a familiarizar os estudantes e formandos com as línguas estrangeiras; promover uma maior integração linguística em todos os níveis de estudo, nomeadamente no ensino das disciplinas científicas e técnicas...
*" **(Extrato do discurso de Sua Majestade o Rei por ocasião do 65.º aniversário da Revolução do Rei e do Povo, 20 de agosto de 2018).***

VISÃO

Os sistemas de ensino superior sempre se centraram no conhecimento e na investigação científica, desempenhando um papel fundamental na criação, preservação e transmissão destes recursos em benefício da comunidade. Nas últimas décadas, estes sistemas têm sofrido transformações significativas para melhor responder às necessidades da sociedade contemporânea. Estas mudanças centraram-se principalmente na melhoria da competitividade da formação para responder às necessidades do mercado, na investigação científica orientada para a inovação e na melhoria da qualidade dos serviços oferecidos aos estudantes e às empresas.

Desde a promulgação da Lei 01.00, foram envidados esforços importantes para melhorar o ensino superior marroquino e adaptá-lo às ambições do país. Estas iniciativas incluem a implementação da reforma do sistema LMD (Licence, Master, Doctorat) e o Programa de Emergência 2009-2012, que estabeleceu uma relação contratual entre o Estado e as universidades, com um acompanhamento dos projectos universitários baseado em objectivos precisos e indicadores quantificáveis. Este programa foi concebido para responder a expectativas específicas, tais como a melhoria da capacidade de acolhimento, o aumento das taxas de graduação, o aumento da produção científica e a melhoria da governação universitária.

No entanto, apesar do apoio financeiro concedido à universidade marroquina neste contexto, certos objectivos estruturantes não foram plenamente atingidos, nomeadamente no que se refere a :

- A eficácia dos órgãos de organização ;
- A profissionalização, a diversificação e a pertinência da oferta universitária;
- Diversificação e racionalização dos recursos financeiros ;
- Envolvimento na inovação do ensino universitário mais ativo;
- O desenvolvimento da investigação e da I&D orientadas em parceria com o tecido socioeconómico da região;
- Alargar e manter a formação contínua do pessoal.

O discurso real de 20 de agosto de 2013 foi um momento decisivo para a tomada de consciência colectiva sobre o estado do sistema educativo em Marrocos. Sua Majestade o Rei Mohammed VI tirou uma conclusão dura e direta sobre a situação da educação e da formação públicas no país, qualificando-a de preocupante. Este discurso verdadeiramente notável alertou os actores da educação e apelou a uma mobilização geral para corrigir uma situação considerada alarmante.

O ponto da situação após o discurso real :

1. **Falhas estruturais e organizacionais:** O discurso revelou as numerosas falhas que enfraquecem o sistema educativo marroquino. Entre elas, a gestão ineficaz dos recursos, a disfunção dos órgãos responsáveis e uma organização incapaz de responder às necessidades crescentes da população estudantil.
2. **Qualidade do ensino:** A qualidade do ensino foi fortemente criticada, com o discurso a sublinhar que o sistema estatal não estava a corresponder às expectativas, tanto na formação profissional como no ensino geral. Os alunos e estudantes estavam frequentemente mal preparados para fazer face às exigências do mercado de trabalho moderno.
3. **Desigualdade de acesso à educação:** Sua Majestade o Rei sublinhou igualmente as acentuadas disparidades de acesso à educação entre as diferentes regiões do país e entre o ensino público e o ensino privado. Estas desigualdades constituem um obstáculo importante à igualdade de oportunidades, base essencial do desenvolvimento social e económico de Marrocos.
4. **Abandono escolar e desemprego:** O fenómeno do abandono escolar e a elevada taxa de desemprego dos jovens licenciados foram identificados como problemas críticos. Estas questões reflectem a incapacidade do sistema educativo para assegurar a integração profissional efectiva dos jovens marroquinos.
5. **Apelo a uma reforma rápida e profunda:** Em resposta a esta situação alarmante, o Rei apelou a uma reforma urgente e coerente, insistindo na rápida adoção dos textos relativos ao Conselho Superior da Educação, Formação e Investigação Científica, tal como previsto na Constituição. Este Conselho foi considerado como um elemento crucial para orientar e estruturar a reforma do sector da educação.
6. **Mobilização das partes interessadas:** O discurso real foi também um apelo à ação colectiva, apelando à mobilização de todas as partes interessadas no sector da educação, incluindo o governo, os professores, os pais e os parceiros económicos. Não se tratava apenas de reconhecer os desafios, mas também de se empenhar ativamente num processo de transformação do sistema educativo.

Desde esse discurso, foram adoptadas várias iniciativas para enfrentar estes desafios, como a implementação da Visão Estratégica 2015-2030 e a promulgação da Lei-Quadro 51-17. Apesar destes esforços, continuam a existir desafios e o êxito destas reformas dependerá da vontade política e da capacidade das partes interessadas para manterem um empenhamento sustentado.

Estes esforços concretizaram-se com a formalização de contratos entre o ministério de tutela e as universidades, marcada pela assinatura dos contratos-programa 2021-2023.

A Universidade Ibnou Zohr Agadir está agora empenhada em adotar novas estratégias de ensino, investigação e inovação, e em reforçar uma governação mais eficaz e proactiva. Estas estratégias tornaram-se uma necessidade, ditada pelo quadro regulamentar da Lei-Quadro 51-17 e pelo contexto nacional de regionalização, tal como descrito no Quadro de Desempenho Regional (2015-2030), que visa "preservar as realizações, reforçar os pontos fracos e responder às expectativas". Este quadro permite à universidade aproveitar as oportunidades oferecidas pelas cinco regiões.

Nestas regiões, o ensino superior público é representado por todos os estabelecimentos da Universidade Ibnou Zohr, com o objetivo de criar uma dinâmica atractiva através da integração da investigação, da formação e da engenharia em colaboração com as empresas e as colectividades locais das regiões.

A Universidade Ibnou Zohr Agadir, que ocupa um lugar importante no panorama universitário marroquino graças à sua localização na capital económica do país, dispõe de oportunidades únicas. Estes activos ambientais devem ser explorados para continuar a afirmar o seu papel de instituição de produção e de difusão do conhecimento, bem como de ator-chave da cadeia de valor regional e de alavanca do desenvolvimento do capital imaterial de cada região.

O projeto de desenvolvimento da Universidade Ibnou Zohr Agadir para o período 2024-2028 é uma continuação dos esforços governamentais anteriores. Este projeto visa reforçar as acções já implementadas, explorando simultaneamente novas vias para acelerar o desenvolvimento da universidade. O objetivo é permitir que a universidade adapte as suas estratégias e consolide a sua posição como um ator-chave no panorama educativo marroquino, respondendo proactivamente às necessidades emergentes da sociedade e promovendo uma mudança rápida e sustentada.

O projeto de desenvolvimento da Universidade Ibnou Zohr Agadir visa dar continuidade aos esforços do governo, aproveitando as acções já em curso e explorando novas vias para acelerar o seu desenvolvimento. Pretende envolver ativamente todas as partes interessadas na implementação da lei-quadro 51-17 e capitalizar as realizações existentes. O objetivo é transformar a universidade em :

- Uma instituição que oferece, em todos os seus estabelecimentos, uma experiência estudantil única, baseada numa formação de elevada qualidade e em actividades de investigação inovadoras, fomentando uma cultura científica interdisciplinar enraizada nos desafios nacionais e globais;
- Uma universidade aberta e diversificada que escuta as necessidades e preocupações da sua região e da sociedade em geral, ajudando a criar um ambiente propício ao respeito, à realização, ao empenhamento e ao bem-estar da sua comunidade;
- Uma universidade reconhecida pela eficiência do seu modelo organizacional, que combina uma abordagem colegial e participativa com processos administrativos e de tomada de decisão simples e eficazes;
- Uma universidade humanista, empenhada na promoção das artes e na formação de uma nova geração consciente dos grandes problemas da sociedade a nível regional, nacional e internacional.

I. <u>Contexto universitário</u>

I.1 Universidade Ibnou Zohr

A Universidade Ibn Zohr rege-se pela lei n.º 01-00 relativa à organização do ensino superior e é dotada de personalidade jurídica e de autonomia administrativa e financeira. A sua missão consiste em contribuir para o desenvolvimento da investigação, a difusão do conhecimento e da cultura, a preparação dos jovens para o mundo do trabalho, nomeadamente através do desenvolvimento do saber-fazer, o crescimento regional e nacional, etc.

A universidade oferece :

- Formação inicial e contínua ;
- Investigação científica e tecnológica ;
- Realização de peritagens;
- Contribuição para o desenvolvimento global do país ;
- Cooperação internacional.

1. História e fundamentos

Criada em 1989 (a Faculdade de Letras e a Faculdade de Ciências existiam desde 1984, quando faziam parte da Universidade Cadi Ayyad de Marraquexe). Única na sua região, é um ator importante e uma força motriz no desenvolvimento do ensino superior e da investigação nas províncias do Sul e do Sara de Marrocos. A sua principal vocação é incentivar e reforçar a investigação como meio de criação e de renovação dos conhecimentos, com o objetivo de promover o desenvolvimento das capacidades intelectuais, morais e culturais dos estudantes em todos os domínios do saber, para que possam dar provas de criatividade científica, tecnológica e artística, bem como de espírito crítico.

2. Número de alunos

- **Total de alunos inscritos**: Cerca de 150.000 alunos, distribuídos pelos vários ciclos de ensino (licenciatura, mestrado, doutoramento).
- **Proporção de raparigas**: Cerca de 50% do total de inscrições, o que ilustra a elevada participação das mulheres no ensino superior.

3. Professores e pessoal

- **Número de docentes** : Mais de 1.600 professores-investigadores em várias disciplinas.
- **Pessoal administrativo e técnico**: cerca de 1 000 pessoas contribuem para o bom funcionamento da universidade.

4. Cursos de formação

- **Número de cursos**: Mais de 150 cursos, abrangendo um vasto leque de áreas como as ciências, as artes, as humanidades, o direito, a economia, a engenharia e as tecnologias da informação.
- **Número de programas de mestrado**: Cerca de 100 programas de mestrado, centrados na investigação e na especialização avançada.
- **Programas de doutoramento**: A universidade oferece várias escolas de doutoramento com centenas de estudantes de doutoramento inscritos em vários domínios de investigação.
- **Formação contínua**: A universidade também oferece programas de formação contínua para os profissionais que desejam melhorar as suas competências.

5. Investigação científica

- **Laboratórios de investigação**: Mais de 100 laboratórios e centros de investigação, abrangendo domínios como as ciências da vida, as ciências exactas, as ciências humanas e as ciências sociais.
- **Publicações científicas**: Centenas de artigos publicados todos os anos em revistas nacionais e internacionais, reflectindo a nossa intensa atividade de investigação.
- **Parcerias internacionais**: A universidade colabora com várias instituições em todo o mundo, participando em projectos de investigação conjuntos e programas de intercâmbio académico.

6. Infra-estruturas

- **Campus**: A universidade dispõe de vários campus modernos equipados com bibliotecas, laboratórios, pavilhões desportivos e residências universitárias.
- **Bibliotecas**: Várias bibliotecas universitárias, com milhares de livros, revistas e recursos digitais disponíveis para estudantes e investigadores.

- **Instalações desportivas**: A universidade dispõe de campos desportivos, ginásios e outras instalações para promover o desporto e as actividades extracurriculares.

7. Taxas de sucesso e empregabilidade

- **Taxa de** aprovação: A taxa de aprovação nos exames de fim de ciclo varia de curso para curso, com uma média de 70% para os cursos de licenciatura e de mestrado.
- **Empregabilidade dos diplomados**: A maioria dos diplomados da universidade encontra emprego nos dois anos seguintes à obtenção do diploma, nomeadamente nos domínios da engenharia, da economia e das ciências de gestão.

8. Impacto económico e social

- **Contribuição regional**: A Universidade Ibnou Zohr desempenha um papel crucial no desenvolvimento socioeconómico da região de Souss-Massa e não só, através da formação de quadros qualificados e do apoio à inovação e à investigação aplicada.
- **Envolvimento da comunidade**: A universidade está ativamente envolvida em projectos de desenvolvimento local, incluindo educação, saúde e iniciativas de desenvolvimento sustentável.

A Universidade Ibnou Zohr é um pilar do ensino superior no sul de Marrocos, com uma influência significativa no desenvolvimento regional. Os seus números ilustram não só a sua importância como instituição académica, mas também o seu papel fundamental na inovação, na investigação e na formação das gerações futuras.

A Universidade Ibnou Zohr de Agadir abrange cinco regiões:

- A região de Souss-Massa,
- A região de Guelmim-Oued Noun,
- A região de Laâyoune-Saguia al Hamra,
- A região de Dakhla-Oued Ed-Dahab
- A região de Drâa-Tafilalet.

II. Contexto regional

II.1 Análise económica regional: dinâmica e potencial das regiões do Sul de Marrocos

❖ Posição geográfica e clima

- **Situação geográfica**: Estas regiões estão situadas no sul de Marrocos, abrangendo zonas desérticas, costeiras e montanhosas. A sua posição estratégica entre o Atlântico e o Sara torna-as importantes pontos de passagem para as trocas económicas, nomeadamente com os países da África subsariana.
- **Clima**: O clima é predominantemente árido a semi-árido, com precipitações fracas e irregulares, o que tem uma forte influência nas actividades económicas, nomeadamente na agricultura e na pecuária.

❖ Infra-estruturas e acessibilidade

- **Infra-estruturas**: Nas últimas décadas, estas regiões beneficiaram de um grande investimento em infra-estruturas. A construção de estradas, aeroportos, portos e outras infra-estruturas públicas facilitou a integração destas regiões na economia nacional e internacional.
- **Acessibilidade**: As regiões costeiras, como Souss-Massa, Laâyoune-Saguia al Hamra e Dakhla-Oued Ed-Dahab, dispõem de portos que as ligam diretamente aos mercados internacionais. As outras regiões, embora menos acessíveis, beneficiam de redes rodoviárias melhoradas.

❖ Potencial económico e sectores-chave

- **Agricultura e pescas**: Estas regiões albergam algumas das zonas agrícolas mais produtivas do país (como Souss-Massa), bem como importantes recursos haliêuticos, nomeadamente ao longo da costa atlântica.
- **Turismo**: O potencial turístico é considerável, com paisagens únicas como as dunas do Sara, os oásis e as praias. O turismo no Sara e no litoral está em plena expansão, atraindo investimentos em infra-estruturas turísticas.
- **Energias renováveis**: A forte exposição solar e os ventos costeiros oferecem um enorme potencial para o desenvolvimento das energias renováveis, nomeadamente a energia solar e eólica, com vários projectos em curso ou em fase de planeamento.

❖ Desafios socioeconómicos

- **Equidade regional**: Apesar dos progressos económicos, existem disparidades significativas em termos de desenvolvimento entre as zonas urbanas e rurais, bem como entre as próprias regiões. Algumas zonas continuam a ser marginalizadas, com acesso limitado aos serviços básicos.

- **Desemprego e migração**: O desemprego, sobretudo entre os jovens, continua a ser um desafio importante. Esta situação está a levar muitos residentes a emigrar para as grandes cidades ou a procurar oportunidades no estrangeiro.
- **Gestão dos recursos** naturais: A escassez de água, a desertificação e a gestão sustentável dos recursos naturais são questões cruciais para o desenvolvimento a longo prazo destas regiões.

❖ Cooperação regional e internacional

- **Cooperação**: Estas regiões, nomeadamente as próximas das fronteiras, desempenham um papel estratégico nas relações de Marrocos com os países vizinhos, nomeadamente em termos de cooperação comercial e de segurança.
- **Investimento estrangeiro**: A criação de zonas francas e de incentivos fiscais está a atrair o investimento estrangeiro, nomeadamente nos sectores do turismo, da pesca e das energias renováveis.

O contexto regional das regiões do Sul de Marrocos caracteriza-se por uma combinação de elevado potencial económico e de desafios socioeconómicos. Estas regiões desempenham um papel crucial na estratégia de desenvolvimento de Marrocos, nomeadamente em termos de integração das regiões menos desenvolvidas na economia nacional e de melhoria da competitividade do país na cena internacional.

1. **Região de Souss-Massa**

- **Capital regional** : Agadir
- **População**: Cerca de 2,7 milhões de habitantes
- **Economia** :
  - **Agricultura**: A região é uma das principais zonas agrícolas de Marrocos, conhecida pela sua produção de citrinos, frutas e legumes. O sector agrícola emprega uma parte significativa da população.
  - **Turismo**: Agadir é um importante destino turístico com uma infraestrutura hoteleira bem desenvolvida. O turismo desempenha um papel fundamental na economia local.
  - **Indústria**: A região tem uma base industrial diversificada, incluindo a transformação de alimentos, materiais de construção e têxteis.
  - **Pesca**: Agadir é também um importante centro da indústria pesqueira, com um dos maiores portos de pesca do país.

2. **Guelmim-Oued Substantivo região**

- **Capital regional** : Guelmim
- **População**: Aproximadamente 500.000
- **Economia** :
  - **Criação de** gado: A criação de gado é uma atividade económica predominante, em especial a criação de camelos.
  - **Agricultura**: A região tem um potencial agrícola considerável, nomeadamente nos oásis, onde se cultivam tâmaras e outras culturas resistentes à seca.
  - **Turismo**: O turismo no Sara, com atracções como as dunas de areia e os festivais culturais, contribui para o desenvolvimento económico da região.
  - **Artesanato**: O artesanato, nomeadamente a produção de tapetes tradicionais e de joalharia, desempenha um papel importante na economia local.

3. **Região de Laâyoune-Saguia al Hamra**

- **Capital regional** : Laâyoune
- **População**: Aproximadamente 500.000
- **Economia** :

- **Pesca**: A região dispõe de vastos recursos haliêuticos, nomeadamente através do porto de Laâyoune, que é um importante centro da indústria da pesca.
- **Indústria extractiva**: A região possui depósitos de fosfato e a extração de minerais é uma parte significativa da economia.
- **Energias renováveis**: A região tem um grande potencial no domínio das energias renováveis, nomeadamente a energia eólica e solar.
- **Infra-estruturas**: A região tem assistido a um investimento significativo em infra-estruturas, com a construção de estradas, portos e outras instalações públicas para apoiar o desenvolvimento económico.

4. Região de Dakhla-Oued Ed-Dahab

- **Capital regional**: Dakhla
- **População**: Aproximadamente 200.000
- **Economia** :
    - **Pesca**: A pesca é o sector económico mais desenvolvido da região, com portos que exportam produtos da pesca para a Europa e outros mercados.
    - **Turismo**: O turismo, em especial o turismo de nicho, como o kitesurf e o ecoturismo, está a desenvolver-se rapidamente na região.
    - **Agricultura**: A agricultura, nomeadamente a criação de gado e a cultura em estufa, está a desenvolver-se com a utilização de técnicas modernas de irrigação.
    - **Zonas francas**: A região de Dakhla alberga várias zonas económicas francas, que atraem investimentos estrangeiros, nomeadamente na transformação de produtos do mar.

5. Região de Drâa-Tafilalet

- **Capital regional** : Errachidia
- **População**: Cerca de 1,6 milhões de habitantes
- **Economia** :
    - **Turismo**: A região é famosa pelas suas paisagens desérticas, kasbahs e sítios históricos, atraindo muitos turistas.
    - **Agricultura**: A agricultura nos oásis, com o cultivo de tâmaras, cereais e frutos, desempenha um papel central na economia.

- Artesanato: O artesanato, em particular a produção de cerâmica e de têxteis tradicionais, é uma importante fonte de rendimento para a população local.
- **Energia**: A região tem potencial em matéria de energias renováveis, nomeadamente através de projectos de centrais solares.

Conclusão

As cinco regiões de Marrocos oferecem diversidade económica, com uma combinação de sectores tradicionais, como a agricultura, a pesca e o artesanato, e de novos sectores, como o turismo e as energias renováveis. Cada região tem as suas próprias caraterísticas económicas específicas e dá o seu contributo único para o desenvolvimento global do país.

III. A Universidade Ibnou Zohr em números e dados

➢ Supervisão :

- **1592 Professores;**
- **634 Pessoal administrativo e técnico ;**
  Para 147806 alunos inscritos, ou seja, rácios médios aluno/professor (2023-2024) :
- **Educação = 1/93**
- **Administrativo =1/233**

Em 2024-2025, prevê-se que o número de estudantes ultrapasse os 150 000, com mais de 500 estudantes de doutoramento.

➢ Cursos de formação :

O catálogo de formação inclui :

- **100** Foundation Degrees (**LF**), **17** Professional Degrees (**LP**), **14** Excellence Degrees (**LE**);
- **05** Licenciatura em Educação (**LE**) ;
- **61** mestrados e **10** mestrados especializados;
- **21** Diplomas Universitários de Tecnologia (**DUT**);
- **11** Diplomas de engenharia (ID);
- **12** Diploma ENCG ;
- **03** Formação para o Diplôme de Docteur en Médecine (DM);
- **03** Centros de Estudos Doutorais (CED);

Oferta de formação

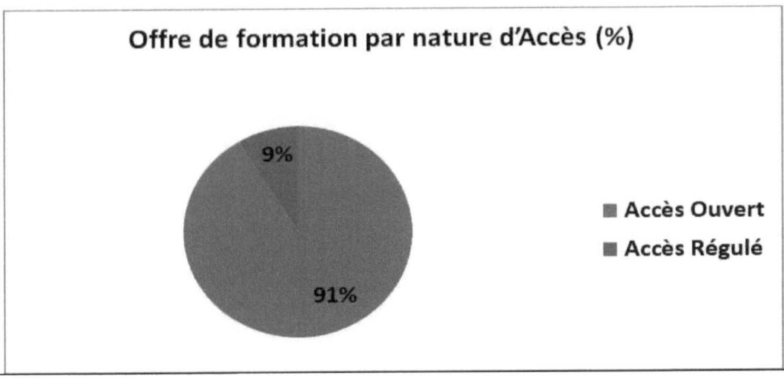

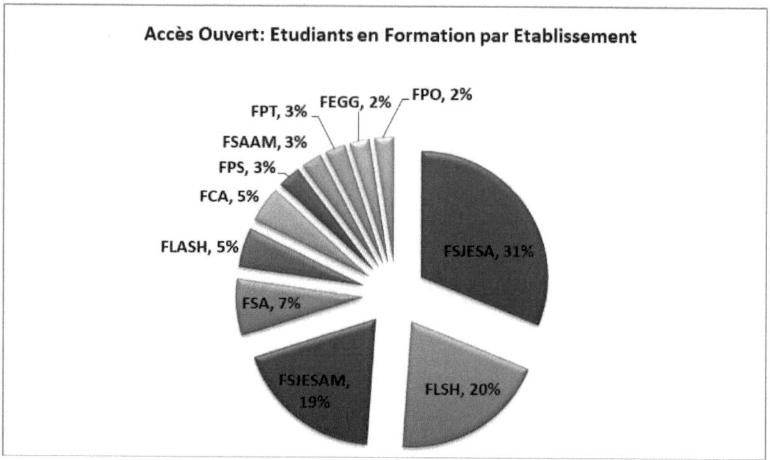
Accès Ouvert: Etudiants en Formation par Etablissement
FPT, 3%
FEGG, 2%
FPO, 2%
FSAAM, 3%
FPS, 3%
FCA, 5%
FLASH, 5%
FSJESA, 31%
FSA, 7%
FSJESAM, 19%
FLSH, 20%

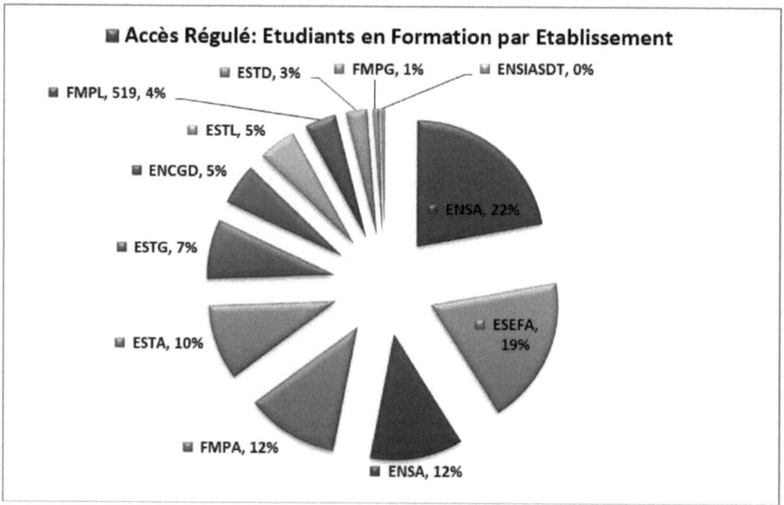
Accès Régulé: Etudiants en Formation par Etablissement
ESTD, 3%
FMPG, 1%
ENSIASDT, 0%
FMPL, 519, 4%
ESTL, 5%
ENCGD, 5%
ENSA, 22%
ESTG, 7%
ESEFA, 19%
ESTA, 10%
FMPA, 12%
ENSA, 12%

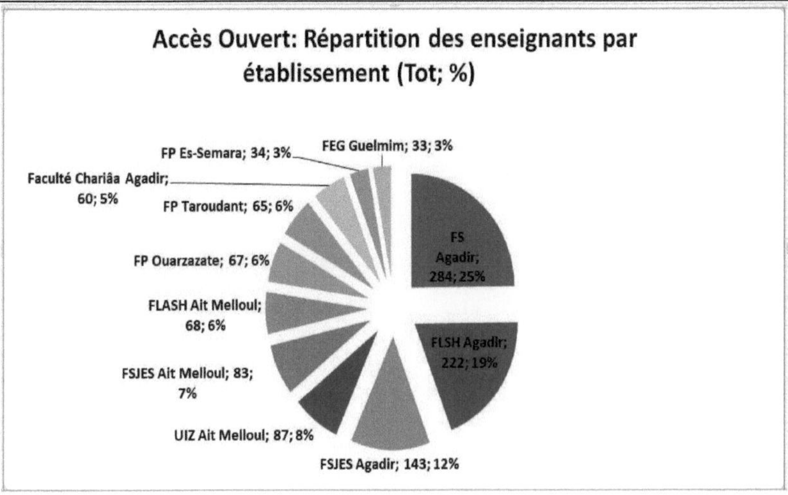
Accès Ouvert: Répartition des enseignants par établissement (Tot; %)
FP Es-Semara; 34; 3%
FEG Guelmim; 33; 3%
Faculté Chariâa Agadir; 60; 5%
FP Taroudant; 65; 6%
FP Ouarzazate; 67; 6%
FLASH Ait Melloul; 68; 6%
FSJES Ait Melloul; 83; 7%
UIZ Ait Melloul; 87; 8%
FSJES Agadir; 143; 12%
FLSH Agadir; 222; 19%
FS Agadir; 284; 25%

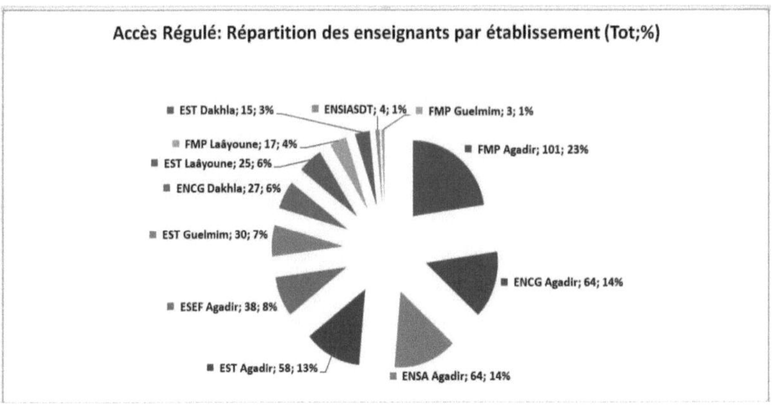
Accès Régulé: Répartition des enseignants par établissement (Tot;%)
EST Dakhla; 15; 3%
ENSIASDT; 4; 1%
FMP Guelmim; 3; 1%
FMP Laâyoune; 17; 4%
EST Laâyoune; 25; 6%
ENCG Dakhla; 27; 6%
EST Guelmim; 30; 7%
ESEF Agadir; 38; 8%
EST Agadir; 58; 13%
ENSA Agadir; 64; 14%
ENCG Agadir; 64; 14%
FMP Agadir; 101; 23%

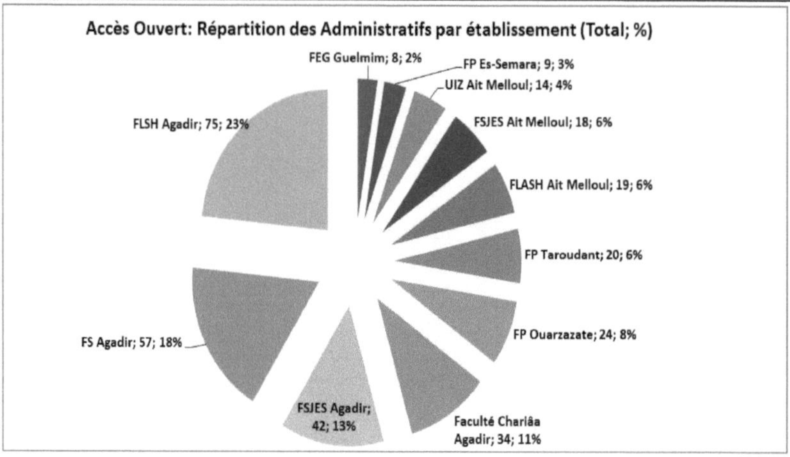
Accès Ouvert: Répartition des Administratifs par établissement (Total; %)
FEG Guelmim; 8; 2%
FP Es-Semara; 9; 3%
UIZ Ait Melloul; 14; 4%
FSJES Ait Melloul; 18; 6%
FLASH Ait Melloul; 19; 6%
FP Taroudant; 20; 6%
FP Ouarzazate; 24; 8%
Faculté Chariâa Agadir; 34; 11%
FSJES Agadir; 42; 13%
FS Agadir; 57; 18%
FLSH Agadir; 75; 23%

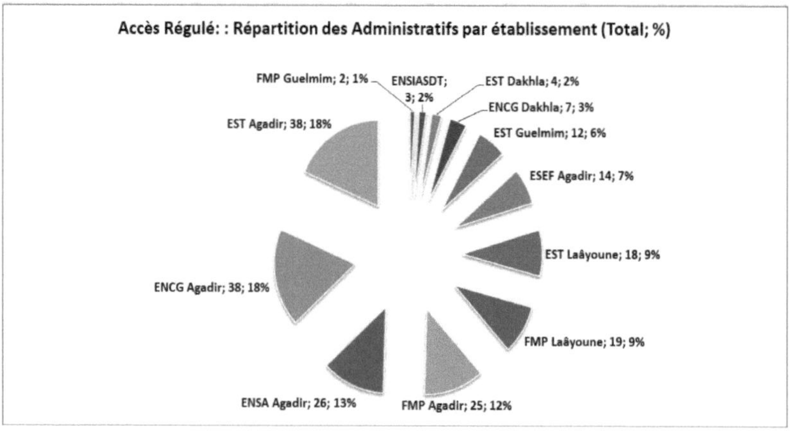
Accès Régulé: : Répartition des Administratifs par établissement (Total; %)
FMP Guelmim; 2; 1%
ENSIASDT; 3; 2%
EST Dakhla; 4; 2%
ENCG Dakhla; 7; 3%
EST Guelmim; 12; 6%
ESEF Agadir; 14; 7%
EST Laâyoune; 18; 9%
FMP Laâyoune; 19; 9%
FMP Agadir; 25; 12%
ENSA Agadir; 26; 13%
ENCG Agadir; 38; 18%
EST Agadir; 38; 18%

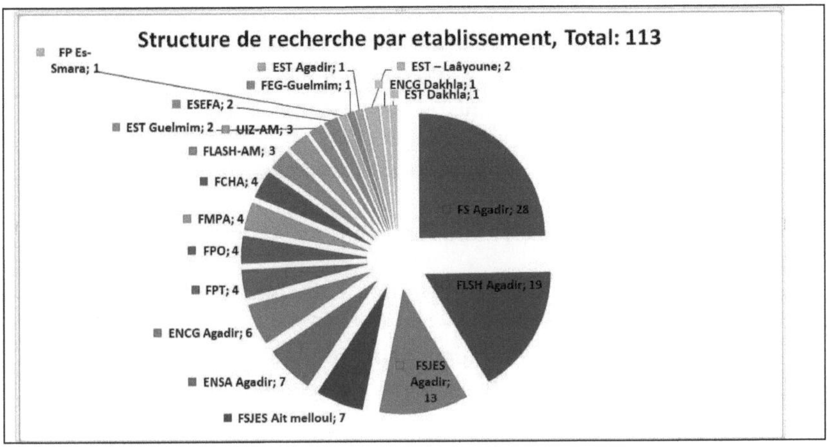

Os quadros seguintes mostram em pormenor :

- Estatísticas sobre os diferentes cursos, por instituição, e o número de estudantes inscritos.
- Número de professores e pessoal administrativo por escola
- Estruturas de investigação
- Receitas orçamentais da Universidade Ibnou Zohr
- Projectos de construção em curso

	Estabelecimento	Estudantes em formação (Tota)
Acesso aberto	Faculdade de Ciências Jurídicas, Económicas e Sociais de Agadir (FSJESA)	42074
	Faculdade de Ciências Humanas de Agadir (FLSH)	26817
	Faculdade de Ciências Jurídicas, Económicas e Sociais de Ait Melloul (FSJESAM)	25528
	Faculdade de Ciências de Agadir (FS)	9850
	Faculdade de Línguas, Artes e Humanidades de Ait Melloul (FLASH)	6766
	Faculdade de Chariâa Agadir	6240
	Faculdade Politécnica de Es-Semara (FPS)	3951
	Faculdade de Ciências Aplicadas de Ait Melloul (UIZ)	3568
	Faculdade Politécnica de Taroudant (FPT)	3530

	Faculdade de Economia e Gestão de Guelmim (FEGG)	3359
	Faculdade Politécnica de Ouarzazate (FPO)	3271
Acesso regulamentado	Escola Nacional de Administração e Negócios de Agadir (ENSA)	2833
	Escola Superior de Educação e Formação de Agadir (ESEFA)	2449
	Escola Nacional de Ciências Aplicadas de Agadir (ENSA)	1522
	Faculdade de Medicina e Farmácia de Agadir (FMPA)	1516
	Escola Superior de Tecnologia de Agadir (ESTA)	1241
	Escola Superior de Tecnologia de Guelmim (ESTG)	973
	Escola Nacional de Gestão e Negócios de Dakhla (ENCGD)	680
	Escola Superior de Tecnologia de Laâyoune (ESTL)	615
	Faculdade de Medicina e Farmácia de Laâyoune (FMPL)	519
	Escola Superior de Tecnologia de Dakhla (ESTD)	345
	Faculdade de Medicina e Farmácia de Guelmim (FMPG)	99
	Escola Nacional de Inteligência Artificial e Ciência de Dados (ENSIASDT)	60

❖ Estatísticas de inscrições em doutoramentos por instituição 2023-2024

Centros de Estudos Doutorais (CED)	Estabelecimentos	Novos registantes	Total
O Centro de Estudos Doutorais em Ciência e Tecnologia e Ciências Médicas	ENSA Agadir	31	155
	FMP Agadir	13	
	PF Ouarzazate	6	
	FP Taroudant	10	
	FS Agadir	84	
	UIZ Ait Melloul	11	
O Centro de Estudos	Chariâa Ait Melloul	52	
	FSJES Agadir	58	

Doutorais em Ciências Jurídicas, Económicas, Sociais e de Gestão	FSJES Ait melloul	65	208
	ENCG	33	
Centro de Estudos Doutorais em Humanidades, Artes e Ciências da Educação	FLSH Agadir	63	86
	FLASH Ait Melloul	20	
	ESEF Agadir	3	
	Total		449

- O pessoal docente

Para o ano académico em curso, a Universidade Ibnou Zohr conta com 1592 docentes e investigadores permanentes, dos quais 147 mulheres, distribuídos pelos diferentes estabelecimentos da seguinte forma

Estabelecimentos		Professores *(Total)*
Acesso livre	FS Agadir	284
	FLSH Agadir	222
	FSJES Agadir	143
	UIZ Ait Melloul	87
	FSJES Ait Melloul	83
	FLASH Ait Melloul	68
	PF Ouarzazate	67
	FP Taroudant	65
	Faculdade de Chariâa Agadir	60
	PF Es-Semara	34
	FEG Guelmim	33
Acesso aberto total		1146
	FMP Agadir	101
	ENCG Agadir	64
	ENSA Agadir	64
	EST Agadir	58
	ESEF Agadir	38

Acesso regulamentado	EST Guelmim	30
	ENCG Dakhla	27
	EST Laâyoune	25
	FMP Laâyoune	17
	EST Dakhla	15
	ENSIASDT	4
	FMP Guelmim	3
Acesso total regulamentado		446
Total		1592

❖ Pessoal administrativo e técnico

Para o ano académico em curso, a Universidade Ibnou Zohr conta com 634 funcionários, dos quais 249 mulheres, distribuídos pelos diferentes estabelecimentos da seguinte forma

Estabelecimentos		Administrativo *(Total)*
Acesso aberto	FEG Guelmim	8
	PF Es-Semara	9
	UIZ Ait Melloul	14
	FSJES Ait Melloul	18
	FLASH Ait Melloul	19
	FP Taroudant	20
	PF Ouarzazate	24
	Faculdade de Chariâa Agadir	34
	FSJES Agadir	42
	FS Agadir	57
	FLSH Agadir	75
Acesso aberto total		320
Acesso	FMP Guelmim	2
	ENSIASDT	3
	EST Dakhla	4
	ENCG Dakhla	7
	EST Guelmim	12
	ESEF Agadir	14
	EST Laâyoune	18
	FMP Laâyoune	19

regulamentado	FMP Agadir	25
	ENSA Agadir	26
	ENCG Agadir	38
	EST Agadir	38
Acesso total regulamentado		206
PRESIDÊNCIA DA UIZ Agadir		108
Total geral		634

- Oferta de formação

Para o ano letivo de 2023-2024, a Universidade Ibnou Zohr propõe aos seus estudantes cursos que abrangem quase todas as áreas disciplinares. Eis as ofertas de cursos, repartidas por tipo de estabelecimento.

ENCGA

Diploma	Títulos dos cursos
DENCG	Gestão financeira e contabilística
DENCG	Gestão de Recursos Humanos
DE-NCG	Auditoria e controlo de gestão
DENCG	Comércio internacional
DENCG	Ação de marketing e vendas
DENCG	Publicidade e comunicação
EM	Gestão desportiva

ENCGD

Diploma	Títulos dos cursos
DENCG	Auditoria e controlo de gestão
DENCG	Gestão logística
DENCG	Comércio internacional
DENCG	Ação de marketing e vendas
DENCG	Gestão financeira e contabilística
DENCG	Gestão de Recursos Humanos
EM	Inteligência económica e prospetiva territorial

ENSIASD

Diploma	Títulos dos cursos

DI	Gestão e governação dos sistemas de informação
DI	Desenvolvimento de software e aplicações
DI	Segurança informática e confiança digital
DI	Ciência dos dados, grandes volumes de dados e IA

ENSA

Diploma	Títulos dos cursos
2AP	Aulas preparatórias
DI	Engenharia Industrial
DI	Engenharia eléctrica
DI	Finanças e engenharia de decisão
DI	Engenharia informática
DI	Engenharia energética e ambiental
DI	Engenharia mecânica
DI	Engenharia de Processos, Energia e Ambiente
DI	Construção e engenharia civil
EM	Sistemas incorporados e aplicações industriais
EM	Eficiência energética e controlo dos edifícios
EM	Engenharia financeira

ESTA

Diploma	Títulos dos cursos
DUT	Engenharia BioIndustrial
DUT	Eletrónica, Engenharia Eléctrica e Sistemas Automatizados
DUT	Engenharia informática
DUT	Técnicas de marketing e comunicação
DUT	Técnicas de gestão
LP	Auditoria e Controlo de Gestão (ACG)
LP	AUTOMATIZAÇÃO DE EDIFÍCIOS E GESTÃO TÉCNICA
LP	COMÉRCIO INTERNACIONAL E LOGÍSTICA
LP	Engenharia da água e do ambiente

ESTD

Diploma	Títulos dos cursos

DUT	Engenharia de processos alimentares
DUT	ENGENHARIA ELÉCTRICA
DUT	Engenharia informática
DUT	Técnicas de gestão

ESTG

Diploma	Títulos dos cursos
DUT	Energias renováveis e eficiência energética
DUT	Engenharia eléctrica
DUT	Engenharia informática
DUT	Técnicas de gestão
LP	Energias e processos renováveis
LP	Inteligência empresarial e estatísticas
LP	Instrumentação e sistemas
LP	Ciências dos dados
LP	Segurança informática e de redes

ESTL

Diploma	Títulos dos cursos
DUT	Engenharia Agro-Biológica
DUT	Engenharia Civil
DUT	Profissões de logística, economia e finanças
DUT	Técnicas jurídicas
DUT	Engenharia informática
LP	Energias renováveis e dessalinização da água do mar
LP	Gestão de Recursos Humanos
LP	Meios e técnicas de comunicação
LP	Técnicas jurídicas e financeiras
LP	Estatística e Business Intelligence
LP	Engenharia ambiental e desenvolvimento de produtos locais
LP	Logística e gestão da qualidade
LP	Engenharia Civil e Ambiental

ESTO

Diploma	Títulos dos cursos
DUT	Gestão de redes e segurança
DUT	Engenharia de dados

ESEF

Diploma	Títulos dos cursos
LE	Licenciatura em Ensino Secundário - Matemática
LE	Licenciatura em Educação no Ensino Secundário - Ciências Físicas e Químicas
LE	Licenciatura em Ensino Secundário - Ciências da Vida e da Terra
LE	Licenciatura em Educação, com especialização no ensino primário
LE	Licenciatura em Ensino Secundário - Língua Inglesa
LE	Licenciatura em Ensino Secundário - Língua Francesa
M	Tecnologias educativas e inovação

FCHARIAA

Diplôme	Intitulés des filières
L	الشريعة والقانون والمهن القضائية
L	الشريعة والقانون والمالية التشاركية
L	الشريعة والقانون والعلوم الشرعية
L	الشريعة والقانون والأسرة والرعاية الاجتماعية
L Excellence	الشريعة والاقتصاد التضامني
L Excellence	applied islamic sciences
L Excellence	الشريعة والدراسات القضائية المقارنة
M	قواعد الاجتهاد والتنزيل
M	التوثيق والعقار في الفقه المالكي والتشريع المغربي
M	التشريع والقضاء الأسري المغربي والمقارن

FEEG

Diploma	Títulos dos cursos
L	Engenharia Económica
L	Engenharia financeira
L	Contabilidade, controlo e auditoria

L	Negócios e marketing
L	Gestão de Recursos Humanos
L	Gestão de organizações da economia social e solidária
EM	Contabilidade, controlo e auditoria
EM	Logística e comércio internacional
M	Finanças, Banca e Seguros

FLASH

Diplôme	Intitulés des filières
L	Linguistic, Literary, and Cultural Studies
L	Sciences du langage et de la communication
L	Lettres et Arts
L	البيئة وتدبير الأوساط الطبيعية
L	التهيئة والتنمية
L	Assistance sociale
L	الفنون والتراث
L	Anthropologie sociale
L Excellence	Information, communication
L Excellence	Digital Media and Translation
M	Transcultural and Memory studies
M	Lettres et Arts
M	التنمية والموارد الترابية

FLSH

Diplôme	Intitulés des filières
L	Littérature amazighe
L	Linguistique amazighe
L	English linguistics and literature
L	Littérature, Langue et Communication
L	Filología Hispánica
L	اللسانيات وديداكتيك اللغة العربية
L	الإبداع الأدبي والمهن الثقافية
L	الفقه والأصول
L	القرآن والحديث
L	التاريخ والحضارة
L	البيئة والتهيئة
L	مجتمع المعرفة والتحولات المعاصرة
M	Communication and Media in Cultural Studies
M	"Didactique du FLE: Culture et Médiation"
M	Tourisme, Communication et Développement
M	Arts et Communication
M	Applied Linguistics and English Language Teaching
M	Comparative Studies in Literature
M	اللغة والأدب بالجنوب المغربي
M	علم النص وتحليل الخطاب
M	تاريخ الجنوب المغربي: السلطة والمجتمع والدين
M	الدراسات الصحراوية والأفريقية
M	العلاقات الدينية والثقافية بين المغرب وأفريقيا جنوب الصحراء
M	الخطاب الشرعي وتكامل العلوم
M	InterculturalismoMarruecos y Mundo Hispanico
M	Travail Social et développement
M	Langue et culture amazighes

FMPA

Diploma	Títulos dos cursos
DM	**Doutor em Medicina**
M	**Biotecnologia médica**

FMPL

Diploma	Títulos dos cursos
DM	**Formação para o Diplôme de Docteur en Médecine**

FMPG

Diploma	Títulos dos cursos
DM	Formação para o Diploma de Doutor em Medicina

POLINÉSIA FRANCESA

Diploma	Títulos dos cursos
L	Gestão da produção cinematográfica e audiovisual
L	Línguas estrangeiras aplicadas e comunicação
L	Turismo, cultura e desenvolvimento sustentável
L	Técnicas audiovisuais e multimédia
L	Engenharia energética e energias renováveis
L	Geociências e Desenvolvimento de Recursos Mineiros
L	Química aplicada e desenvolvimento de substâncias naturais
L	Engenharia Matemática
L	Cibersegurança
L	Econometria
L	CONTABILIDADE-FINANÇAS-FISCALIDADE
L	Inteligência Artificial e Engenharia de Software
L	Design Thinking e UX / UI Design
Excelência	Arte cinematográfica e estética visual
M	Cinema, Audiovisual e Comunicação
M	Eletrónica - Materiais avançados para energias novas e renováveis Energias renováveis
M	Matemática Aplicada à Ciência dos Dados

FPS

Diplôme	Intitulés des filières
M	العقيدة الأشعرية بالغرب الإسلامي والامتداد الافريقي
L	الدراسات الشرعية المعاصرة
L	المهن القضائية
L	الوساطة والخدمة الاجتماعية
L	Langues, Communication et Traduction
M	الأسرة والرعاية الاجتماعية

UIZ

Diploma	Títulos dos cursos
L	Biotecnologia, proteção e desenvolvimento dos recursos biológicos
L	Biotecnologia e saúde
L	Química dos materiais e valorização dos recursos naturais
L	Química física aplicada
L	Química Orgânica e Desenvolvimento Sustentável
L	Geociências aplicadas
L	Geomática aplicada às geociências e ao ambiente
L	Engenharia de software e informática
L	Engenharia de software
L	Ciências dos dados
L	Matemática Aplicada
L	Matemática e aplicações
L	Eletrónica e sistemas
L	Física moderna
L	Energia e energias renováveis
L	Ciência dos materiais
L	Sistemas aquáticos e produção aquícola
Excelência	Engenharia de software
Excelência	Engenharia Informática e de Sistemas Incorporados
Excelência	Análise de dados e inteligência artificial
M	BIODIVERSIDADE, BIOTECNOLOGIA E

	DESENVOLVIMENTO SUSTENTÁVEL
M	Biologia fundamental
M	Química Orgânica Aplicada
M	Mestrado em Materiais Multifuncionais Avançados e Ambiente
M	Geociências e Georrecursos
M	Ciência dos dados
M	Matemática aplicada às ciências da engenharia
M	Sistemas e Telecomunicações C&T
M	Energia e energias renováveis
EM	Sistemas de computação distribuída e BigData

UIZAM

Diploma	Títulos dos cursos
L	Análise de dados
L	Sistemas informáticos incorporados
L	Engenharia matemática
L	Biologia aplicada aos recursos vegetais
L	Biotecnologias aplicadas à produção animal
L	Química Aplicada
L	Química dos materiais e ciências da água
L	Engenharia térmica e eficiência energética
L	Engenharia de Tecnologia Industrial
M	Sistemas incorporados e serviços digitais

Diplôme	Intitulés des filières
M	قانون الاعمال واليات تسوية المنازعات
M	العلوم الجنائية والأمنية
M	التدبير الاداري والمالي للجماعات الترابية
MS	Comptabilité, Contrôle De Gestion Et Audit
M	Analyse Et Politique Economiques
L	قانون الاعمال والمعاملات الرقمية
L	القانون الجنائي والعلوم الأمنية
L	المنازعات والمهن القانونية والقضائية
L	القانون المدني والعقاري
L	الرعاية الاجتماعية ومدونة الأسرة
L	الدراسات الإدارية والمالية
L	الدراسات الدستورية والسياسية
L	الدراسات الدولية
L	Comptabilité et Finance Appliquée
L	Comptabilité Controle de gestion Audit
L	Marketing et Management des organisations
L	Economie Appliquée
L	Econométrie
L Excellence	Comptabilité Contrôle Audit
L Excellence	Droit et Economie du Sport
L Excellence	Marketing, logistique et digital

❖ Estruturas de investigação no UIZ

A Universidade Ibnou Zohr dispõe de 113 estruturas de investigação, acreditadas para o período 2022-2026, distribuídas da seguinte forma

Estabelecimento do domicílio	N.O
FS Agadir	28
FLSH Agadir	19
FSJES Agadir	13
FSJES Ait melloul	7
ENSA Agadir	7
ENCG Agadir	6
FPT	4
POLINÉSIA FRANCESA	4
FMPA	4
FCHA	4
FLASH-AM	3

UIZ-AM	3
EST Guelmim	2
ESEFA	2
PF Es-Smara	1
FEG-Guelmim	1
EST Agadir	1
EST - Laâyoune	2
ENCG Dakhla	1
EST Dakhla	1
Total	**113**

- Crescimento das publicações Scopus e WOS

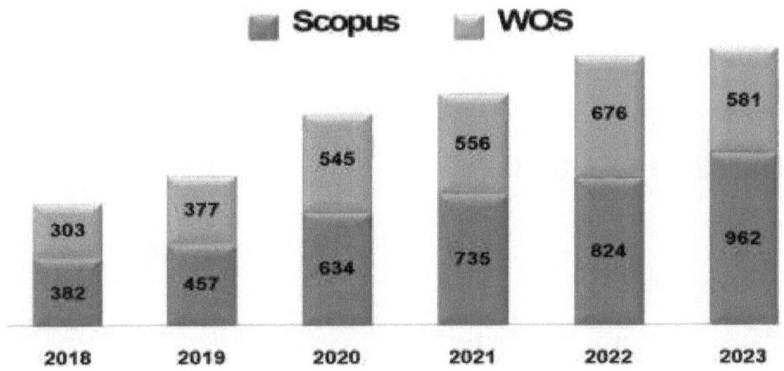

- Eventos científicos organizados pelas escolas 2022-2023

Ciências jurídicas e económicas, Social e Gestão	Humanidades, Artes e Ciências da Educação	Ciência e Tecnologia e Ciências médicas
202	98	58

- Participação em convites à apresentação de projectos

Internacional: 33

Nacional: 46

- Cooperação

Como parte da sua expansão internacional, a Universidade

Ibnou Zohr estabeleceu parcerias de cooperação com numerosas universidades e instituições de investigação em todo o mundo. 151 acordos e convenções no total, incluindo 104 convenções nacionais e 47 convenções internacionais. Entre os acordos nacionais, 62 parceiros são públicos, enquanto os restantes são privados.

- Mobilidade

A Universidade Ibnou Zohr registou um total de 458 intercâmbios internacionais entre 2020 e 2023.

421 Mobilidade de saída

- 402 alunos ;

- 19 professores.

37 Mobilidade de entrada

- 18 alunos ;

- 16 professores ;

- 3 pessoal administrativo e técnico.

- Receitas orçamentais da Universidade Ibnou Zohr

	2019	2020	2021	2022	2023	2024
Subvenção estatal investimento	106149200,00	72149200,00	123149200,00	189105080,00	160400400,00	147759400,00
Subvenção estatal funcionamento	100468650,00	96907400,00	103843400,00	123422000,00	140633769,00	151313000,00
Receitas próprias funcionamento	9607155,88	6463026,60	9052114,04	7839556,49	8175392,02	
Receitas próprias investimento	2480000,00	12000000,00	-	10000000,00	-	

❖ **Projectos de construção em curso**

1. Trabalhos de construção de um espaço de codificação na universidade ibnou zohr
2. Obras de construção de um centro de doutoramento e de um pólo digital em Agadir
3. Construção de um bloco de investigação científica na Faculdade de Letras
   E ciências humanas em Agadir.
4. Construção de um pavilhão tecnológico na Escola Nacional de Ciências
   Aplicado a Agadir
5. Trabalhos de extensão da faculdade de ciências aplicadas de ait melloul (1ª fase)
6. Obras de ampliação da faculdade de ciências aplicadas de ait melloul (2ª fase)
7. Obras de construção do estabelecimento de ensino e formação ait melloul (esef)
8. Construção de uma extensão da faculdade de línguas, artes e humanidades de ait melloul: (1ª fase)
9. Construção de uma extensão da faculdade de línguas, artes e humanidades de ait melloul: (2ª fase)
10. Projeto de construção de uma escola nacional de pós-graduação em inteligência artificial e
    Ciências da informação em Taroudant
11. Construção de uma extensão da faculdade pluridisciplinar de Ouarzazate
12. Construção de uma extensão da faculdade multidisciplinar de Es-smara
13. Trabalho de extensão na Escola Superior de Tecnologia de Dakhla

IV. Estratégias da Universidade Ibnou Zohr

Enquanto instituição académica, a universidade desempenha um papel central no desenvolvimento económico, social e cultural das sociedades modernas. Para cumprir esta missão, deve adotar estratégias de desenvolvimento sólidas e abordagens inovadoras que respondam às necessidades em evolução do mundo contemporâneo. Este projeto explora as diferentes estratégias e abordagens de desenvolvimento que a universidade ibnou zohr pode adotar para se manter relevante, competitiva e eficaz.

➢ Estratégia de desenvolvimento académico

O desenvolvimento académico está no centro da missão da universidade. Para se manter na vanguarda, uma universidade deve rever e atualizar constantemente os seus programas académicos em função dos progressos científicos, das necessidades do mercado de trabalho e das expectativas dos estudantes. Eis alguns dos elementos-chave de uma estratégia de desenvolvimento académico eficaz:

- **Inovação nos programas**: As universidades precisam de desenvolver novos programas que respondam às necessidades emergentes dos sectores industrial e tecnológico. Por exemplo, cursos de inteligência artificial, desenvolvimento sustentável ou cibersegurança podem atrair novos estudantes e responder às actuais exigências do mercado.
- **Qualidade do ensino**: Melhorar a qualidade do ensino através da formação contínua dos professores, da utilização de novos métodos de ensino e da integração das tecnologias digitais é crucial para proporcionar uma educação de qualidade.
- **Investigação e desenvolvimento (I&D)**: As universidades devem investir na investigação, não só para produzir novos conhecimentos, mas também para resolver problemas sociais e económicos. A colaboração com a indústria em projectos de investigação aplicada pode também reforçar o seu papel no desenvolvimento económico.

➢ Estratégia de desenvolvimento institucional

O desenvolvimento institucional diz respeito à forma como a universidade se estrutura e organiza para atingir os seus objectivos. Uma estratégia sólida de desenvolvimento institucional pode incluir

- **Governação**: É essencial estabelecer uma governação eficaz com mecanismos de tomada de decisão transparentes e participativos. Isto inclui a criação de conselhos de administração, o envolvimento das partes interessadas na governação e o estabelecimento de políticas claras para a gestão dos recursos.
- **Infra-estruturas**: O investimento em infra-estruturas modernas, incluindo campus verdes, laboratórios de ponta e bibliotecas digitais, é vital para apoiar as actividades académicas e de investigação.
- **Internacionalização**: O desenvolvimento de parcerias com universidades estrangeiras, o incentivo à mobilidade internacional de estudantes e professores e a oferta de programas bilingues ou multilingues podem melhorar a competitividade global da universidade.

➢ Abordagens pedagógicas e tecnológicas

As abordagens pedagógicas e tecnológicas são essenciais para modernizar o ensino e a aprendizagem nas universidades. Eis algumas das principais abordagens:

- **Aprendizagem centrada no aluno**: Esta abordagem centra-se nas necessidades e interesses dos estudantes, tornando-os actores da sua própria aprendizagem. Pode incluir métodos como a aprendizagem baseada em projectos, a aprendizagem em colaboração e a aprendizagem experimental.
- **Tecnologia educativa**: A integração da tecnologia no ensino, por exemplo através de cursos em linha, simulações interactivas e ferramentas de realidade virtual, pode enriquecer a experiência de aprendizagem e torná-la mais acessível.
- **Formação contínua e aprendizagem ao longo da vida**: As universidades devem oferecer programas de formação contínua que permitam aos profissionais atualizar as suas competências. Esta abordagem responde à necessidade crescente de requalificação num mercado de trabalho em constante mutação.

➢ Participação na comunidade e responsabilidade social

Uma universidade não pode existir no vazio; tem de se envolver ativamente com a comunidade e assumir responsabilidade social. Esta responsabilidade pode assumir a forma de :

- **Parcerias comunitárias**: Trabalhar com organizações locais, empresas e autoridades públicas para resolver problemas locais, como o desemprego ou as desigualdades sociais.
- **Programas de serviço público**: Desenvolver programas que incentivem os estudantes a envolverem-se em actividades de serviço público, reforçando assim o seu sentido de cidadania e os seus laços com a comunidade.
- **Responsabilidade ambiental**: Promover iniciativas ecológicas no campus, como a reciclagem, a utilização de energias renováveis e a sensibilização para a importância da sustentabilidade ambiental.

Financiamento e sustentabilidade económica

O financiamento é um elemento crucial na implementação de estratégias de desenvolvimento. A universidade deve explorar várias fontes de financiamento para garantir a sua sustentabilidade económica:

- **Diversificar as fontes de rendimento**: Para além do financiamento público, as universidades podem procurar financiamento privado, desenvolver actividades de formação contínua pagas ou criar fundos de dotação.
- **Gestão eficaz dos recursos**: Assegurar uma gestão prudente e eficaz dos recursos financeiros e materiais, a fim de maximizar o seu impacto no desenvolvimento da universidade.
- **Investimento na inovação**: As universidades podem investir em iniciativas inovadoras, como a criação de start-ups ou spin-offs universitários, para gerar rendimentos adicionais e incentivar o empreendedorismo.

As estratégias e abordagens de desenvolvimento adoptadas por uma universidade determinam o seu sucesso a longo prazo. Ao integrarem estratégias académicas, institucionais, pedagógicas, comunitárias e financeiras sólidas, as universidades podem não só satisfazer as necessidades actuais, mas também antecipar os desafios futuros. Uma abordagem holística e proactiva é, pois, essencial para garantir que as universidades continuem a desempenhar um papel central no desenvolvimento das sociedades modernas.

V. Plano de desenvolvimento e abordagens

A Lei 01.00 estipula que os estabelecimentos universitários são criados sob a forma de faculdades, escolas ou institutos. Constituem as estruturas de ensino superior e de investigação da universidade. Agrupam departamentos correspondentes a disciplinas e domínios de estudo e de investigação e serviços. Podem igualmente criar centros de ensino, de formação, de estudo e/ou de investigação com o acordo do Conselho Universitário.

✓ **Ensinar a autonomia :**

- Conceção da oferta de formação ;
- Proposta e adoção de cursos de formação ;
- Criação de diplomas universitários.

✓ **Autonomia administrativa e financeira :**

- Os presidentes das universidades têm o poder de gerir as finanças, os recursos humanos e o património;
- Os conselhos universitários deliberam sobre todos os assuntos relacionados com a gestão da universidade, incluindo a criação de cursos de formação e de estruturas universitárias, a afetação de recursos humanos e financeiros e a estratégia de desenvolvimento da universidade.
- Possibilidade de aquisição de participações em empresas inovadoras e de criação de empresas subsidiárias;
- A possibilidade de diversificar as fontes de financiamento (formação contínua paga, prestação de serviços paga, criação de incubadoras de empresas inovadoras, exploração de patentes e licenças, etc.);
- Criação de Grupos de Interesse Público (GIP).

A elaboração de um plano de desenvolvimento estratégico sempre foi uma parte importante da vida universitária. Trata-se, antes de mais, de uma fase de reflexão baseada numa ampla participação de todos os actores da universidade para melhorar o conhecimento mútuo, humano e institucional. O diálogo, a concertação e o respeito pela justiça. Todas as componentes contribuem para a realização deste projeto. No final deste processo, que requer a aprovação do Conselho Universitário, o projeto torna-se um contrato. Compromete os intervenientes, o pessoal de investigação e a administração, durante 4 anos, com os objectivos que se propôs, os recursos que prevê e a avaliação dos resultados que implica.

O êxito do projeto de desenvolvimento da Universidade Ibnou Zohr depende não só do apoio e do empenho da equipa administrativa e de todas as componentes da Universidade, mas também da nossa capacidade de :

- Estabelecer um clima de confiança e de respeito, únicas garantias de relações duradouras e frutuosas com os nossos parceiros.
- Adotar uma organização participativa e utilizar técnicas motivacionais para promover o empenho e melhorar o desempenho da equipa.
- Manter o rumo dos objectivos a atingir, favorecendo as sinergias e a colaboração entre as diferentes instituições na conceção dos projectos.
- Gerir o processo de decisão no que respeita à escolha das prioridades quando se trata de realizar projectos de igual importância.

O principal objetivo deste projeto de desenvolvimento da Universidade Ibnou Zohr é oferecer uma formação inicial e contínua de qualidade, com uma melhor adequação entre a formação e o emprego, uma investigação pertinente e visível de elevado nível científico, uma parceria vantajosa para todos com o sector socioeconómico, uma vida universitária rica e diversificada e infra-estruturas que satisfaçam as normas de qualidade e de segurança em termos de equipamento e de configuração.

Para atingir este objetivo, adoptamos uma estratégia de desenvolvimento baseada em três princípios: Mudança com continuidade (consolidação dos marcos alcançados), gestão baseada em projectos e uma cultura de excelência, pertença e solidariedade.

Para implementar esta estratégia, estamos a adotar uma abordagem baseada nas seguintes orientações:

- ✓ Aplicar uma política mais agressiva em relação às empresas, alargando o mais possível o seu ângulo de ataque. Todas as vias de parceria devem ser exploradas: formação contínua, consultoria, peritagem, estudos e investigação aplicada;
- ✓ É implementado um processo de apoio, desde o acolhimento do estudante, passando pela ajuda na orientação ou reorientação, até à graduação;

- ✓ Incentivar os alunos a assumirem responsabilidades e a participarem na vida comunitária dentro das escolas (clubes de investigação, de cinema, desportivos, ambientais, informáticos, etc.);
- ✓ Qualificar os diplomados para entrar no mundo do trabalho ou prosseguir estudos superiores;
- ✓ Oferecer qualificações profissionais aos candidatos selecionados para profissões ou empregos;
- ✓ Adquirir competências e saber-fazer no domínio das profissões ;
- ✓ Utilização óptima dos recursos humanos, seu desenvolvimento, mobilização e envolvimento no processo de implementação do projeto de desenvolvimento UIZ 2024-2028;
- ✓ Implementação do sistema de informação do UIZ e introdução da abordagem da qualidade na gestão quotidiana da universidade. Isto significa que todas as acções devem ser avaliadas antes e depois do facto, de modo a que os serviços possam ser constantemente melhorados;
- ✓ Melhor conhecimento do ambiente económico e social, com vista a oferecer formação adequada e a realizar investigação orientada;
- ✓ Abordagem participativa nas estruturas universitárias ;
- ✓ Lançar um processo criativo de abertura internacional. A UIZ deve dotar-se dos meios para se tornar uma grande instituição internacional;
- ✓ Desenvolver e valorizar o potencial de investigação através de colaborações, formação doutoral e projectos de investigação, pois é este potencial que constitui o principal critério de excelência;

O nosso projeto, embora integre os elementos acima referidos, tem em conta os constrangimentos inerentes a qualquer dinâmica de mudança e insere-se no âmbito do razoável e do exequível.

A sua ambição é tornar a Universidade Ibnou Zohr :

- ❖ **Uma universidade classificada entre as melhores universidades árabes e africanas e entre as 1000 melhores a nível mundial;**
- ❖ **Um centro líder de formação e investigação avançada;**
- ❖ **Um instrumento de desenvolvimento social e económico, tanto a nível regional como nacional;**
- ❖ **Uma universidade plenamente integrada nas suas regiões e aberta ao mundo.**

Nesta perspetiva, tencionamos pôr em prática uma série de acções destinadas a :

- Tornar a universidade num ambiente digital com um sistema de informação verdadeiramente eficiente e integrado.
- Colocar os interesses dos estudantes e as necessidades da sociedade no centro das preocupações da universidade;
- Desenvolver a interdisciplinaridade, promovendo a complementaridade e a sinergia entre as instituições e no interior destas nos domínios da formação e da investigação e desenvolvimento;
- Criar novos cursos de formação mais adaptados às necessidades socioeconómicas de cada região e do país no seu conjunto;
- Adaptar a atual oferta global de formação às necessidades reais do mercado de trabalho e à necessidade de pensadores capazes de assegurar o desenvolvimento e a influência cultural e científica do país;
- Incentivar a mobilidade internacional de professores e estudantes;
- Estruturação e desenvolvimento da formação contínua;
- Promover a inovação educativa ;
- Desenvolver o ensino à distância;
- Reforçar as estruturas de investigação e favorecer a abertura aos operadores socioeconómicos;
- Incentivar a produção científica e o registo de patentes;
- Promover a influência científica e cultural da faculdade e a sua abertura nacional e internacional;
- Melhorar a qualidade do acolhimento e o ambiente de trabalho nos estabelecimentos;
- Introduzir novas abordagens de gestão participativa, favorecendo a consulta, a abertura, a escuta e a flexibilidade;

VI. Plano de ação

A Universidade Ibnou Zohr de Agadir, enquanto instituição académica de referência na região, encontra-se num ponto de viragem decisivo em termos de afirmação do seu papel no panorama educativo nacional e internacional. Numa altura em que o mundo está a mudar rapidamente, com desafios e oportunidades sem precedentes, a universidade precisa de adaptar as suas estratégias e objectivos para responder às necessidades crescentes dos seus estudantes, investigadores e da sociedade em geral.

Para o período de 2024-2028, a Universidade Ibnou Zohr está a iniciar um ambicioso plano de desenvolvimento estratégico com o objetivo de reforçar a sua posição como instituição de referência. Este plano baseia-se numa visão clara e em objectivos estratégicos pormenorizados para modernizar as suas infra-estruturas, melhorar a qualidade do seu ensino, incentivar a inovação e a internacionalização, consolidando simultaneamente a sua responsabilidade social e o seu compromisso com o desenvolvimento sustentável.

O objetivo deste plano é transformar a universidade num modelo de excelência académica, inovação e envolvimento da comunidade. Através de acções concretas e mensuráveis, a Universidade Ibnou Zohr pretende melhorar a experiência académica dos seus estudantes, apoiar a investigação de ponta e reforçar as suas ligações com a comunidade local e internacional.

Para atingir estes objectivos, o plano de desenvolvimento da Universidade Ibnou Zohr está estruturado em torno de várias áreas-chave:

1. Melhorar a qualidade do ensino

- **1.1 Reforçar as competências pedagógicas dos professores :** Organizar acções de formação contínua para professores, centradas em métodos de ensino inovadores, na utilização de tecnologias educativas e em abordagens centradas nos alunos.
- **1.2 Modernizar os programas académicos:** rever e atualizar os programas de estudo para os adaptar às exigências do mercado de trabalho e aos progressos científicos. Integrar competências interdisciplinares como o pensamento crítico, a gestão de projectos e o espírito empresarial.

- **1.3. Desenvolvimento de infra-estruturas de ensino:** Investir na modernização das infra-estruturas (laboratórios, bibliotecas digitais, salas de aula conectadas) para promover um ambiente de aprendizagem interativo e prático.

2. Reforçar a investigação científica e a inovação

- **2.1. Incentivar a investigação em colaboração:** Promover parcerias de investigação com instituições nacionais e internacionais, indústrias e centros de investigação. Facilitar o acesso a fundos de investigação para apoiar projectos inovadores.
- **2.2 Criar centros de excelência:** Desenvolver centros de investigação especializados em domínios fundamentais como as energias renováveis, a agricultura sustentável, as TIC e as ciências sociais.
- **2.3. Reforçar a investigação e a transferência de tecnologia:** Criar viveiros de empresas e aceleradores para apoiar a criação de novas empresas com base nos resultados da investigação universitária.

3. Desenvolvimento da governação e da gestão

- **3.1 Reforçar a transparência e a participação:** Envolver as partes interessadas (professores, estudantes, pessoal administrativo) na tomada de decisões. Melhorar a transparência na gestão dos recursos financeiros e humanos.
- **3.2. Digitalização dos serviços administrativos:** Implementar soluções digitais para otimizar a gestão administrativa, melhorar a experiência dos estudantes e facilitar o acesso aos serviços em linha.
- **3.3. Reforço das capacidades de liderança:** Formar os gestores administrativos e os diretores das faculdades nas melhores práticas de gestão e liderança universitárias.

4. Internacionalização e parcerias

- **4.1. Desenvolvimento de programas de intercâmbio internacional:** Incentivar a mobilidade de estudantes e professores através de parcerias com universidades estrangeiras, programas de intercâmbio e colaboração internacional.
- **4.2. Atratividade para os estudantes internacionais:** Melhorar as instalações para os estudantes internacionais, oferecer programas em inglês e promover a universidade na cena internacional.

- **4.3. Cooperação com o sector privado:** Reforçar os laços com as empresas e indústrias locais para promover a integração profissional dos estudantes e desenvolver programas de formação em alternância.

5. Responsabilidade social e desenvolvimento sustentável

- **5.1 Integrar os princípios do desenvolvimento sustentável:** Integrar as questões do desenvolvimento sustentável nos programas académicos, na investigação e na gestão da universidade. Implementar práticas respeitadoras do ambiente no campus (gestão de resíduos, poupança de energia, etc.).
- **5.2 Envolvimento da comunidade:** Desenvolver iniciativas e projectos sociais em colaboração com as comunidades locais para satisfazer as necessidades da sociedade, tais como a alfabetização, a saúde e o desenvolvimento económico local.
- **5.3. Promover a igualdade e a inclusão:** Garantir a igualdade de oportunidades e promover um ambiente inclusivo para todos os estudantes, independentemente da sua origem, género ou situação económica.

6. Melhorar os serviços aos estudantes

- **6.1. Reforçar o apoio académico e psicológico:** Criar serviços de apoio personalizados para os estudantes, incluindo apoio psicológico, orientação profissional e programas de tutoria.
- **6.2. Melhorar as infra-estruturas para os estudantes :** Desenvolver instalações desportivas, culturais e recreativas no campus. Melhorar os serviços de restauração e as condições de alojamento.
- **6.3. Promover o envolvimento dos estudantes:** Incentivar a participação dos estudantes na vida universitária através de clubes, associações e projectos de voluntariado.

Cada área está associada a objectivos específicos, acções pormenorizadas e indicadores-chave de desempenho (KPIs) para medir o progresso. O empenhamento e a colaboração de todos os membros da comunidade universitária, bem como dos parceiros externos, serão essenciais para o êxito deste plano.

Este plano estratégico marca o início de uma nova era para a Universidade Ibnou Zohr, com uma visão ambiciosa de se tornar um centro de excelência académica e um ator-chave no desenvolvimento da região e do país.

1. Melhorar a qualidade do ensino

1.1 Melhorar as competências pedagógicas dos professores

- **Objetivo:** Melhorar as práticas de ensino e a adoção de novas tecnologias educativas.
- **Acções :**
  - **Organizar seminários trimestrais de formação de professores.**
    - **Sub-objetivo:** Formar pelo menos 80% dos professores na utilização de tecnologias educativas e métodos de ensino inovadores até 2026.
    - **KPI:** Número de cursos de formação organizados, percentagem de professores formados.
    - **Calendário:** 2024-2026.
    - Serviço **responsável:** Serviço de Desenvolvimento Educativo, em colaboração com as faculdades.
  - **Desenvolver uma plataforma de formação em linha dedicada aos professores.**
    - **Sub-objetivo:** lançar a plataforma até ao final de 2025 e atingir uma taxa de participação de 70% dos professores até 2027.
    - **KPI:** Número de cursos em linha disponíveis, taxas de inscrição e de conclusão dos cursos.
    - **Calendário:** 2024-2025.
    - **Diretor:** Departamento de Transformação Digital.
  - **Criar um programa de tutoria para os novos professores.**
    - **Sub-objetivo:** Assegurar que cada novo professor tenha um mentor experiente durante os seus primeiros dois anos na universidade.
    - **KPI:** Número de pares mentor/mentorando formados, taxa de satisfação do mentorando.
    - **Calendário:** Início em 2024, controlo anual.
    - **Responsável:** Departamentos académicos, sob a coordenação do Departamento de Recursos Humanos.

Para um plano de ação ainda mais detalhado para a Universidade Ibnou Zohr de Agadir para o período 2024-2028, acrescentaremos sub-objectivos, indicadores-chave de desempenho (KPI), prazos, bem como gestores designados para cada ação.

1.2 Modernização dos programas académicos

- **Objetivo:** Adaptar os programas à evolução do mercado de trabalho e aos progressos científicos.
- **Acções :**
  - **Criar comités de revisão curricular para cada disciplina.**
    - **Sub-objetivo:** Rever todos os programas académicos até 2026.
    - **KPI:** Número de programas analisados, satisfação dos empregadores e dos antigos alunos.
    - **Calendário:** 2024-2026.
    - **Responsável:** Decanos das faculdades, em colaboração com peritos do sector privado.
  - **Lançar novos programas interdisciplinares.**
    - **Sub-objetivo:** Introduzir pelo menos cinco novos programas interdisciplinares até 2028.
    - **KPI:** Número de programas lançados, taxas de inscrição de estudantes.
    - **Calendário:** 2024-2028.
    - **Responsável:** Conselho Académico, com a aprovação do Conselho Universitário.
  - **Facilitar a aprendizagem baseada em projectos em todos os cursos.**
    - **Sub-objetivo:** Integrar um projeto prático em 100% dos cursos até 2026.
    - **KPI:** Percentagem de cursos que incluem um projeto prático, taxa de satisfação dos estudantes.
    - **Calendário:** 2024-2026.
    - **Responsável**: Gestores de programas e professores, sob a supervisão do Conselho Académico.

1.3. Desenvolvimento das infra-estruturas de ensino

- **Objetivo:** Criar um ambiente de aprendizagem moderno e interativo.
- **Acções :**
  - **Modernizar as salas de aula com equipamento interativo.**
    - **Sub-objetivo:** Equipar 70% das salas de aula com quadros digitais e sistemas de videoconferência até 2026.

        - **KPI:** Número de salas de aula modernizadas, taxa de utilização de tecnologia pelos professores.
        - **Calendário:** 2024-2026.
        - **Responsável**: Serviço de Infra-estruturas e Logística, em coordenação com os serviços académicos.
    - **Atualização dos laboratórios científicos com equipamento de ponta.**
        - **Sub-objetivo:** Modernizar 100% dos laboratórios até 2027.
        - **KPI:** Número de laboratórios modernizados, taxa de utilização do equipamento por estudantes e investigadores.
        - **Calendário:** 2024-2027.
        - Serviço **responsável:** Departamento de Investigação Científica e Infra-estruturas.
    - **Criar espaços de coworking e de colaboração.**
        - **Sub-objetivo:** Abrir pelo menos três espaços de coworking no campus até 2025.
        - **KPI:** Número de espaços criados, taxa de ocupação e satisfação dos utilizadores.
        - **Calendário:** 2024-2025.
        - **Diretor:** Serviços para Estudantes e Infra-estruturas Departamento.

2. Reforçar a investigação científica e a inovação

2.1. Incentivar a investigação em colaboração

- **Objetivo:** Aumentar a produção científica e as colaborações nacionais e internacionais.
- **Acções :**
    - **Estabelecer parcerias estratégicas com universidades e centros de investigação.**
        - **Sub-objetivo:** Assinar pelo menos dez novas parcerias internacionais até 2026.
        - **KPI:** Número de parcerias assinadas, número de publicações em coautoria.
        - **Calendário:** 2024-2026.

        - **Coordenador:** Vice-Presidente responsável pela investigação, com a ajuda dos decanos das faculdades.
    - **Organização de conferências e simpósios internacionais.**
        - **Sub-objetivo:** Organizar pelo menos uma conferência internacional por especialidade e por ano.
        - **KPI:** Número de conferências organizadas, número de participantes internacionais.
        - **Calendário:** Anual, 2024-2028.
        - **Responsável:** Comité de Investigação e Inovação, em colaboração com o Gabinete de Relações Internacionais.
    - **Lançar um programa de bolsas de investigação em colaboração.**
        - **Sub-objetivo:** Atribuir pelo menos 20 subvenções para projectos de investigação em colaboração até 2027.
        - **KPI:** Número de subvenções concedidas, impacto dos projectos financiados.
        - **Calendário:** 2024-2027.
        - **Responsável:** Gabinete de Investigação e Inovação, em parceria com as agências de financiamento.

2.2 Criação de centros de excelência

- **Objetivo:** Tornar-se um líder em áreas específicas de investigação.
- **Acções :**
    - **Desenvolver centros de investigação especializados.**
        - **Sub-objetivo:** Criar, pelo menos, cinco centros de excelência até 2028.
        - **KPI:** Número de centros criados, número de publicações e patentes produzidas.
        - **Calendário:** 2024-2028.
        - **Coordenador:** Vice-Presidente responsável pela Investigação, com o apoio dos Decanos.
    - **Obtenção de financiamento para apoiar centros de excelência.**
        - **Sub-objetivo:** angariar pelo menos 10 milhões de dirhams para os agrupamentos até 2026.
        - **KPI:** Montante dos fundos angariados, número de projectos financiados.
        - **Calendário:** 2024-2026.

        - **Diretor:** Relações Empresariais e Parcerias Departamento.
    - **Criar programas de doutoramento e pós-doutoramento.**
        - **Sub-objetivo:** Lançar cinco novos programas de doutoramento em centros de excelência até 2028.
        - **KPI:** Número de programas lançados, taxa de inscrição de estudantes de doutoramento.
        - **Calendário:** 2024-2028.
        - **Responsável:** Conselhos académicos e de investigação.

2.3. Promover a investigação e a transferência de tecnologia

- **Objetivo:** Transformar os resultados da investigação em inovações práticas e úteis para a sociedade.
- **Acções :**
    - **Criar um gabinete de transferência de tecnologia** para facilitar a proteção dos direitos de propriedade intelectual e a comercialização das inovações resultantes da investigação.
    - **Criar incubadoras e aceleradores de empresas** para apoiar os investigadores e os estudantes na criação de novas empresas inovadoras.
    - **Incentivar os investigadores a participar** em concursos de inovação e feiras tecnológicas para aumentar a visibilidade dos resultados da investigação.
    - **Desenvolver parcerias com a indústria** para testar e aplicar inovações tecnológicas em ambientes industriais.

3. Desenvolvimento da governação e da gestão

3.1 Reforçar a transparência e a participação

- **Objetivo:** Melhorar a governação universitária através da transparência e da participação das partes interessadas.
- **Acções :**
    - **Criar conselhos consultivos** compostos por estudantes, professores e pessoal administrativo para participar nas decisões estratégicas da universidade.

- Aplicar sistemas transparentes de gestão do orçamento e dos recursos humanos, com relatórios periódicos acessíveis a todos os membros da comunidade universitária.
- **Organizar fóruns anuais de discussão** sobre a gestão da universidade, para recolher opiniões e sugestões de todas as partes interessadas.
- **Avaliar regularmente a satisfação** dos estudantes e do pessoal, a fim de ajustar as estratégias de governação em conformidade.

3.2. Digitalização dos serviços administrativos

- **Objetivo:** Otimizar a gestão administrativa através de soluções digitais.
- **Acções :**
  - **Desenvolver um portal digital único** para estudantes, professores e pessoal administrativo, que reúna todos os serviços (registo, registo de notas, pedidos administrativos).
  - **Automatizar os processos administrativos** quotidianos (inscrição, gestão de notas, emissão de diplomas) para reduzir os prazos de entrega e melhorar a eficiência.
  - **Formar o pessoal administrativo** em ferramentas digitais e nas melhores práticas de gestão em linha.
  - **Implementação de uma plataforma de gestão das relações com os clientes (CRM)** para melhorar as interações entre a administração e os alunos, bem como com os parceiros externos.

3.3. Reforço das capacidades de liderança

- **Objetivo:** Desenvolver competências de liderança no âmbito da administração universitária.
- **Acções :**
  - **Organização de programas de formação em liderança** para gestores universitários, centrados na gestão da mudança, na tomada de decisões estratégicas e na gestão de equipas.
  - **Estabelecer um sistema de tutoria** em que os gestores experientes orientem os novos gestores nas suas funções.
  - **Promover a inovação na gestão**, encorajando iniciativas-piloto e projectos experimentais de gestão na universidade.

- **Avaliar regularmente o desempenho dos gestores** administrativos para identificar as necessidades de formação e ajustar as estratégias de desenvolvimento profissional.

4. Internacionalização e parcerias

4.1. Desenvolvimento de programas de intercâmbio internacional

- **Objetivo:** Reforçar a perspetiva internacional da universidade através da mobilidade de estudantes e professores.
- **Acções :**
  - **Estabelecer acordos de intercâmbio com universidades parceiras** no estrangeiro, permitindo aos estudantes passar um semestre ou um ano académico noutra instituição.
  - **Promover programas de intercâmbio internacional,** informando os estudantes e facilitando os procedimentos administrativos para a mobilidade.
  - **Incentivar os professores a participarem em programas de mobilidade** para missões de ensino ou de investigação em instituições parceiras no estrangeiro.
  - **Organização de eventos internacionais** (conferências, workshops, festivais culturais) para promover o intercâmbio intercultural e a cooperação internacional.

4.2. Atrair estudantes internacionais

- **Objetivo:** Atrair mais estudantes internacionais e diversificar o corpo discente.
- **Acções :**
  - **Melhorar as instalações para** estudantes internacionais, incluindo serviços de apoio, alojamento adaptado e programas de integração.
  - **Oferecer programas de ensino em inglês** e noutras línguas para atrair estudantes de diferentes partes do mundo.
  - **Promover a universidade a nível internacional**, participando em feiras de estudantes, trabalhando com agências de recrutamento e utilizando estratégias de marketing digital.
  - **Criar um serviço dedicado aos estudantes internacionais** para os ajudar em questões administrativas, académicas e pessoais.

4.3. Cooperação com o sector privado

- **Objetivo:** Reforçar as relações com as empresas para promover a integração profissional e a inovação.
- **Acções :**
  - **Desenvolver parcerias com empresas locais e internacionais** para criar programas de formação em alternância e estágios profissionais.
  - **Organizar fóruns de emprego e jornadas empresa-universidade** para facilitar o diálogo entre estudantes e potenciais empregadores.
  - **Criar cadeiras de empresa** na universidade para incentivar a inovação em domínios específicos (por exemplo, tecnologias emergentes, desenvolvimento sustentável).
  - **Incluir profissionais do sector privado** nos comités de revisão dos programas académicos, a fim de garantir que estes estão em conformidade com as necessidades do mercado.

5. Responsabilidade social e desenvolvimento sustentável

5.1 Integrar os princípios do desenvolvimento sustentável

- **Objetivo:** fazer da universidade um modelo de sustentabilidade ambiental e social.
- **Acções :**
  - **Incorporar questões de desenvolvimento sustentável** em todos os programas académicos, incluindo cursos obrigatórios e projectos sobre sustentabilidade.
  - **Implementação de práticas respeitadoras do ambiente** no campus, como a gestão de resíduos, a redução do consumo de água e de energia e a promoção das energias renováveis.
  - **Criar um comité de sustentabilidade** para acompanhar as iniciativas ambientais e propor novas acções para reduzir a pegada de carbono da universidade.
  - **Incentivar projectos de investigação** sobre desenvolvimento sustentável e inovações ecológicas, oferecendo subvenções específicas e facilitando parcerias com ONG e empresas ecológicas.

5.2 Participação comunitária

- **Objetivo:** Reforçar o impacto social da universidade na região de Agadir e não só.
- **Acções :**
    - **Desenvolver programas de serviço comunitário** em que os estudantes e o pessoal possam contribuir para projectos locais (por exemplo, programas de alfabetização, apoio a empresas locais em fase de arranque).
    - **Organizar workshops e seminários** para os membros da comunidade local sobre temas como a educação, a saúde e o desenvolvimento económico.
    - **Estabelecer parcerias com ONG e instituições públicas** para apoiar iniciativas sociais e ambientais na região.
    - **Promover a participação cívica** dos estudantes através de programas de voluntariado e de actividades extracurriculares centradas no desenvolvimento da comunidade.

5.3. Promover a igualdade e a inclusão

- **Objetivo:** Assegurar um ambiente inclusivo e equitativo para todos os membros da comunidade universitária.
- **Acções :**
    - **Aplicar políticas de não-discriminação** e de apoio aos estudantes oriundos de meios desfavorecidos, bem como aos estudantes com deficiência.
    - **Desenvolver programas de bolsas de estudo** para estudantes merecedores provenientes de famílias com baixos rendimentos.
    - **Promover a inclusão da diversidade cultural** através da organização de eventos interculturais, de workshops sobre tolerância e do incentivo ao diálogo aberto entre diferentes grupos.
    - **Criar um Gabinete de Inclusão e Igualdade de Oportunidades** para acompanhar e promover iniciativas destinadas a reforçar a igualdade no campus.

6. Melhorar os serviços aos estudantes

6.1. Reforçar o apoio académico e psicológico

- **Objetivo:** Apoiar os estudantes ao longo do seu percurso académico e pessoal.
- **Acções :**
    - **Criar centros de aconselhamento académico** para oferecer assistência personalizada aos estudantes na escolha dos seus cursos, no planeamento da carreira e na gestão do stress académico.
    - **Criar um serviço de apoio psicológico** acessível aos estudantes para os ajudar a ultrapassar desafios pessoais e emocionais.
    - **Desenvolver programas de tutoria de estudantes**, em que estudantes mais avançados ou antigos estudantes apoiem os novos estudantes para os ajudar a integrarem-se e a terem êxito académico.
    - **Oferecer seminários de desenvolvimento pessoal** sobre temas como a gestão do tempo, técnicas de revisão e equilíbrio entre a vida académica e a vida pessoal.

6.2. Melhorar as infra-estruturas para os estudantes

- **Objetivo:** Oferecer instalações modernas adaptadas às necessidades dos estudantes.
- **Acções :**
    - **Modernizar as residências universitárias** para proporcionar condições de vida confortáveis e adequadas, incluindo espaços de estudo, lazer e convívio.
    - **Desenvolvimento de instalações desportivas e culturais** no campus para incentivar um estilo de vida saudável e equilibrado entre os estudantes.
    - **Melhorar os serviços de restauração da universidade**, oferecendo uma variedade de opções saudáveis e económicas adaptadas a diferentes regimes alimentares.
    - **Criar espaços no campus onde as pessoas possam relaxar e socializar**, como cafés para estudantes, jardins e espaços de coworking.

6.3. Promover o envolvimento dos estudantes

- **Objetivo:** Incentivar os estudantes a participarem na vida universitária e a desenvolverem as suas competências fora da sala de aula.
- **Acções :**
  - **Apoiar os clubes e associações de estudantes**, oferecendo-lhes espaço, financiamento e aconselhamento para organizarem uma variedade de actividades (culturais, desportivas, académicas).
  - **Organizar concursos e desafios** (hackathons, concursos de start-ups, debates académicos) para estimular a criatividade e o espírito de inovação dos estudantes.
  - **Incentivar a participação dos estudantes em projectos de voluntariado** e iniciativas comunitárias, em parceria com organizações locais e nacionais.
  - **Criar um fundo de inovação estudantil** para financiar projectos inovadores propostos pelos estudantes, com apoio ao desenvolvimento e à implementação das ideias.

O Plano de Ação 2024-2028 da Universidade Ibnou Zohr de Agadir é um roteiro ambicioso para levar a instituição a novos patamares de excelência académica e responsabilidade social. Através de iniciativas estratégicas específicas e objectivos mensuráveis, o plano visa reforçar a posição da universidade como um centro de conhecimento, inovação e envolvimento da comunidade.

Centrada na qualidade académica, na inovação da investigação e na internacionalização, a universidade está empenhada em oferecer formação de primeira classe e em apoiar projectos de investigação de ponta que respondam aos desafios globais. Simultaneamente, a governação e a gestão serão optimizadas para garantir uma administração eficiente e transparente, ao mesmo tempo que serão envidados esforços sustentados para melhorar os serviços aos estudantes e as infra-estruturas.

A integração dos princípios do desenvolvimento sustentável e da responsabilidade social está no centro deste plano, ilustrando o empenhamento da universidade em dar um contributo positivo para a comunidade e preservar o ambiente. As iniciativas planeadas de sustentabilidade e de envolvimento da comunidade terão como objetivo promover um impacto positivo e reforçar as ligações entre a universidade e o seu ambiente regional.

O êxito deste plano dependerá da estreita colaboração entre todas as partes interessadas, incluindo o pessoal académico e administrativo, os estudantes, os parceiros externos e a comunidade local. A avaliação contínua dos progressos e a flexibilidade para ajustar as estratégias em resposta a mudanças e necessidades serão cruciais para alcançar os objectivos estabelecidos.

Em conclusão, o Plano de Ação 2024-2028 da Universidade Ibnou Zohr é uma forte declaração da sua ambição de se transformar numa instituição de excelência reconhecida a nível nacional e internacional. Reflecte um compromisso claro com a inovação, a qualidade e o impacto social, ao mesmo tempo que prepara a universidade para enfrentar os desafios futuros com resiliência e determinação. O sucesso desta estratégia será fruto de um esforço coletivo, de uma visão partilhada e de uma determinação em construir um futuro académico e social brilhante para todos os membros da comunidade universitária.

VII. CONCLUSÃO

É no contexto das grandes mudanças na estrutura e na missão das universidades marroquinas, confrontadas com os desafios associados às mudanças trazidas pela globalização e pelas novas tecnologias, que propomos este projeto de desenvolvimento para a Faculdade de Ciências de Agadir. Este projeto foi concebido para ser coerente com as suas missões, recursos e evolução, e no quadro da política geral da Universidade Ibn Zohr.

Este projeto de abertura exprime :

- Uma ambição: o desenvolvimento;
- Uma política: a reforma universitária e o plano de emergência;
- Os objectivos a atingir, especificando simultaneamente os recursos a utilizar para garantir o êxito.

O projeto de desenvolvimento da Faculdade no seu conjunto, assim descrito e cujos objectivos gerais definem as perspectivas de desenvolvimento e de melhoria, bem como os indicadores para o seu acompanhamento, só pode ser concretizado com êxito se todos - professores, pessoal administrativo e técnico e estudantes - desempenharem plenamente o papel que lhes é atribuído e participarem ativamente na definição e na realização dos objectivos comuns.

Estes objectivos podem ser resumidos da seguinte forma:

- ✓ a qualidade do acolhimento e da integração dos estudantes;
- ✓ Implementar e garantir o apoio de todas as partes interessadas ao processo universitário e encontrar o financiamento necessário para o levar a cabo;
- ✓ Oferecer aos nossos estudantes cursos de formação inovadores, altamente empregáveis e com um acompanhamento de qualidade;
- ✓ Ouvir, analisar, motivar, sensibilizar, dar que pensar, iniciar ou apoiar acções, dialogar, lançar iniciativas inovadoras, consultar antes de tomar decisões e comunicar sempre para explicar as escolhas, garantir que são compreendidas e aplicadas;

- ✓ Garantir boas condições de trabalho aos professores e ao pessoal administrativo:
- ✓ Prática constante da transparência na gestão. Gestão baseada na tomada de decisões delegadas, na avaliação, no controlo ex-post e na responsabilização;
- ✓ Abertura ao ambiente socioeconómico;
- ✓ Incentivar as pessoas a desenvolverem projectos para a escola, dando-lhes os meios para o fazerem, dentro de um quadro claramente definido;
- ✓ Estabelecer parcerias académicas, científicas, culturais e desportivas;

Para tal, o sucesso do projeto passa pela sensibilização, mobilização, valorização e motivação de todos os órgãos da escola, suscitando comentários, questões e sugestões que permitirão correcções e só poderão enriquecer o projeto e gerar um compromisso e apoio coletivo de todos os intervenientes para o sucesso deste desafio.

A avaliação anual será utilizada para proceder a determinados ajustamentos das acções previstas no plano de ação, para assegurar a sua aplicação de forma contínua e para propor medidas corretivas destinadas a manter o rumo traçado.

O projeto será objeto de um acompanhamento regular através da elaboração de relatórios anuais, que serão apresentados à direção da escola.

Será, portanto, um projeto comum "forte" que a escola se esforçará por levar a cabo durante todo o seu mandato, alterando-o para responder às novas necessidades que possam surgir e adoptando resolutamente uma abordagem multidisciplinar.

VIII. Referências

1- O Plano para Acelerar a Transformação do Ecossistema Esri (Pacto Esri-2030)

2- A Carta Nacional da Educação e da Formação

3- Projeto de lei 01-00

4- Lei 51-17

5- Disposições legislativas e regulamentares

6- Plano de Ação 2017-2022 do Ministério da Educação Nacional, da Formação Profissional, do Ensino Superior e da Investigação Científica A Visão Estratégica da Reforma 2015-2030

7- Departamento de Estatística, Avaliação e Prospeção da Universidade

8- Dados da Universidade Ibn Zohr

9- Sítio Web do Ministério do Ensino Superior, da Investigação Científica e da Inovação

10- Saaid Amzazi, projeto de desenvolvimento da Universidade Mohamed V

11- Omar Halli, projeto de desenvolvimento da Universidade Ibn Zohr

12- Abdelaziz Bendou, projeto de desenvolvimento do ENCG Agadir, 2011-2015

13- Idriss Mansouri, projeto de desenvolvimento da Universidade Hassan II, 2013-2017

14- Projeto de estabelecimento 2007-2010 Universidade JEAN MONNET SAINT ETIENNE

15- Mattieu Gallou, Université de Bret Occidentale projeto de desenvolvimento

16- Seminário "L'aide au pilotage des établissements : démarches et outils" 27 de março de 2002. Agência de Modernização das Universidades e Estabelecimentos. Direção de Serviços 103, boulevard Saint-Michel 75005 Paris

17- Plano de desenvolvimento da região de Souss Massa 2022-2027

18- Estatísticas do Ministério da Indústria, do Investimento, do Comércio e da Economia Digital

19- Sítio Web da Universidade Ibn Zohr e seus componentes

20- Sítio Web do CRI Souss Massa

21- Sítio Web do CRI Daraa Tafilalt

22- Alto-comissariado no plano: www.hcp.ma

23- http://www.rdh50.ma/fr/index.asp

24- Aprender na presença e à distância. Une définition des dispositifs hybrides by Bernadette CHARLIER, Nathalie DESCHRYVER and Daniel PERAYA | Lavoisier | Distances et savoirs 2006/4 - Volume 4 ISSN 1765-0887 | páginas 469 a 496

MIX
Papier aus verantwortungsvollen Quellen
Paper from responsible sources
FSC® C105338

Printed by Books on Demand GmbH, Norderstedt / Germany